A IMAGEM PARENTAL E O DESENVOLVIMENTO DA CONSCIÊNCIA

Dados Internacionais de Catalogação na Publicação (CIP)
(Câmara Brasileira do Livro, SP, Brasil)

Harding, M. Esther, 1888-1971
  A imagem parental e o desenvolvimento da consciência /
M. Esther Harding ; tradução de Caesar Souza ;
Daryl Sharp (Org.). – Petrópolis, RJ : Vozes, 2024. –
(Coleção Reflexões Junguianas)

  Título original: The parental image.
  ISBN 978-85-326-6827-1

  1. Consciência – Aspectos psicológicos
2. Jung, Carl G. 1875-1961 – Psicologia analítica
3. Pais e filhos – Relacionamento 4. Parentalidade
I. Sharp, Editado por Daryl. II. Título. III. Série.

24-210606   CDD-155.646

Índices para catálogo sistemático:

1. Criação de filhos : Parentalidade : Psicologia 155.646

Tábata Alves da Silva – Bibliotecária – CRB-8/9253

M. Esther Harding

A IMAGEM PARENTAL E O DESENVOLVIMENTO DA CONSCIÊNCIA

Editado por Daryl Sharp
Tradução de Caesar Souza

Petrópolis

© 2003 by The C.G. Jung Foundation
for Analytical Psychology, Inc.
Original publicado em inglês por Inner
City Books, Toronto, Canadá.

Tradução do original em inglês
intitulado *The parental image:
It's injury and reconstruction.*

Studies in Jungian Psychology by
Jungian Analysts, n. 106.

© 2024, Editora Vozes Ltda.
Rua Frei Luís, 100
25689-900 Petrópolis, RJ, Brasil
www.vozes.com.br

Todos os direitos reservados. Nenhuma
parte desta obra poderá ser reproduzida
ou transmitida por qualquer forma
e/ou quaisquer meios (eletrônico
ou mecânico, incluindo fotocópia e
gravação) ou arquivada em qualquer
sistema ou banco de dados sem
permissão escrita da editora.

CONSELHO EDITORIAL

Diretor
Volney J. Berkenbrock

Editores
Aline dos Santos Carneiro
Edrian Josué Pasini
Marilac Loraine Oleniki
Welder Lancieri Marchini

Conselheiros
Elói Dionísio Piva
Francisco Morás
Gilberto Gonçalves Garcia
Ludovico Garmus
Teobaldo Heidemann

Secretário executivo
Leonardo A.R.T. dos Santos

PRODUÇÃO EDITORIAL

Aline L.R. de Barros
Marcelo Telles
Mirela de Oliveira
Otaviano M. Cunha
Rafael de Oliveira
Samuel Rezende
Vanessa Luz
Verônica M. Guedes

Conselho de projetos editoriais
Luísa Ramos M. Lorenzi
Natália França
Priscilla A.F. Alves

Diagramação: Editora Vozes
Revisão gráfica: Nilton Braz da Rocha
Capa: Editora Vozes
Ilustração de capa: Mandala produzida por uma paciente de Jung e reproduzida por ele em *Os arquétipos e o inconsciente*, vol. 9/1 da Obra Completa. 5. ed. Petrópolis: Vozes, 2007, p. 341, nota 182.

ISBN 978-85-326-6827-1 (Brasil)
ISBN 1-894574-07-9 (Reino Unido)

Este livro foi composto e impresso pela Editora Vozes Ltda.

 Sumário

Agradecimentos, 7
Nota do editor à terceira edição em inglês, 9
Prefácio, 11
Introdução, 15
1 – A imagem parental como fonte de receptáculo da vida, 19
2 – A lenda babilônica do começo da consciência, 52
3 – O destino do caos materno e seu filho-esposo, 88
4 – O desenvolvimento da consciência, 128
5 – Dano patológico à imagem parental, 143
6 – Reparando a imagem parental, 159
7 – A volta para casa, 187
8 – Reconstrução e individuação, 203
Referências, 237
Índice, 241

Agradecimentos

Gostaria de expressar minha gratidão pelo material citado nestas páginas às seguintes instituições, editores e pessoas.

À Bollingen Foundation, pelas citações de *The collected works of C.G. Jung*, e dos trabalhos de Erich Neumann.

Ao Museu Britânico, pela permissão para usar longos extratos da Lenda da Criação Babilônica, traduzida por Sidney Smith; e à Macmillan Company pelo material das traduções de Stephen Langdon.

À Pantheon Books, pelas citações de *Memories, dreams, reflections*, de C.G. Jung; à E.J. Brill, Ltd., pelas passagens citadas do *Evangelho de Tomé* (Guillaumont, 1959); e à Abingdon Press, pelas passagens do *Evangelho da Verdade* (Grobel, 1959).

Àquelas pessoas que tão gentilmente me deram permissão para usar material inconsciente, e particularmente àquelas cujos desenhos analíticos estão entre as ilustrações neste volume, meus agradecimentos e apreciação. Gostaria de agradecer também a Vernon Brooks por seu auxílio eficiente na preparação do manuscrito para publicação.

O material neste livro foi originalmente usado para uma série de conferências patrocinadas pelo Clube de Psicologia Analítica [Analytical Psychology Club] da cidade de Nova York, e uma série posterior patrocinada pelo Centro Educacional de St. Louis [Educational Center of St. Louis], Missouri. Parte do material também apareceu na edição de 1949 da *Spring*, a publicação anual do Clube de Psicologia Analítica.

M. Esther Harding

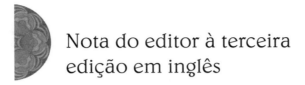

Nota do editor à terceira edição em inglês

A primeira edição de *A imagem parental* foi publicada em 1965 pela Fundação C.G. Jung para a Psicologia Analítica de Nova York. Uma segunda edição foi publicada em 1993 pela Sigo, de Boston.

Esta terceira edição foi novamente datilografada e reeditada inteiramente a partir da edição da Sigo, com o acréscimo de algumas referências atualizadas.

A Inner City Books é grata aos curadores da Fundação C.G. Jung para a Psicologia Analítica, herdeira dos trabalhos literários da Dra. Harding, por esta oportunidade de apresentar a um público maior uma de suas mais valiosas contribuições ao campo da psicologia junguiana.

Daryl Sharp

Prefácio

Ao longo da história, a "imagem parental" tem sido de grande importância. É oportuno que esse tópico vital fosse examinado a partir do ponto de vista da psicologia analítica como encontrado na experiência e escritos de C.G. Jung. Em 1907, com seu experimento de associação de palavras, Jung foi capaz de mostrar evidências do fato de que a imagem parental tem uma influência determinante nas gerações seguintes. Não só é verdade, como pode ser geralmente observado, que o filho de um rei se torna um rei e um filho de um sapateiro se torna um sapateiro, mas fatores psicológicos também podem recorrer.

Esse mesmo fenômeno na ciência natural passou a ser entendido como a herança geneticamente condicionada que muitas plantas, animais e humanos seguem. Quando esse conceito de hereditariedade foi aplicado ao reino psíquico, perturbações psíquicas foram, e ainda são, tratadas de modo a ajudar pessoas a se reajustarem somente à realidade externa. A suposição era que defeitos devem ser levados de geração a geração e o tratamento deve ser dado somente para aliviar parte do sofrimento da pessoa.

Contudo, em biologia, tornamo-nos conscientes da possibilidade de mutação que ocorre espontaneamente ou através da influência do ambiente. E, na mesma época, a psicologia descobriu que mudanças poderiam ocorrer na personalidade humana. Histeria assim como neuroses poderiam ser curadas. Mesmo a psicose não é mais considerada uma doença hereditária incurável.

Em biologia, sabemos que só podemos compreender a natureza e o objetivo de uma mutação retrocedendo ao reino de estruturas monocelulares. Similarmente, na psicologia, sabemos, a partir do trabalho inusual de C.G. Jung, que, ao lidarmos com pessoas psiquicamente perturbadas, devemos considerar também o material mais misterioso – sonhos, folclore, lendas, contos de fadas, mitologia etc. – a fim de nos tornarmos conscientes e capazes de apoiar a mudança indicada. Todo esse material misterioso surge a partir da psique desconhecida, que denominamos o "inconsciente". Ela expressa e nos dá, em nosso tempo e condicionados como somos por nosso período histórico, não apenas uma imagem de como ocorreu *in illo tempore*, mas também a imagem do que ainda ocorre em cada pessoa sob as condições específicas de seu desenvolvimento.

Encontramos essa condição principalmente nas pessoas em que o mito comum efetivo se desintegrou. Esse pode ser um mito tradicional de religião, ou talvez um de nossa época, como, por exemplo, o mito de materialismo, eficiência e prosperidade, ou mesmo o mito do bem-estar social. Foi mantido vivo ao longo de muitas gerações e teve vida para os pais, mas agora realmente não é mais vital para a pessoa. Isso produz uma situação de conflito; e uma histeria, neurose ou psicose pode aparecer.

A mutação ou mudança requerida na personalidade pode ocorrer se, seguindo a famosa afirmação de Freud segundo a qual sonhos são a *via regia* para o inconsciente, assumimos o risco e mergulhamos nas profundezas onde aquelas mutações estão ocorrendo. Então, podemos entender as inadequações do ego em relação às realidades mais profundas. Essas realidades nos levam ao mundo do mito, que fala sobre os eventos no domínio "divino" ou arquetípico, e dá à pessoa, como aos analistas, não apenas *insights* sobre esse domínio, mas também indicações concernentes aos problemas com os quais devem lidar.

Ao mesmo tempo, devemos estar conscientes de que nossa abordagem terapêutica, assim como nossa compreensão, está condicionada por aquelas experiências fundamentais dos conceitos e do mito de nosso modo pessoal e coletivo de apreensão. E devemos nos aperceber de que, como o autor expressa, "as imagens arquetípicas da cultura na qual nascemos, e os símbolos da religião de nossos pais, funcionam exatamente do mesmo modo".

A Dra. Esther Harding, ao escrever este livro, assumiu uma tarefa muito grande. Com sua interpretação psicológica do *Enuma Elish*, um mito babilônico da criação, demonstra as dificuldades vivenciadas pela humanidade. Essas dificuldades foram produzidas pelo inconsciente e foram repetidas no ritual para permitir aos humanos experienciarem repetidamente o sofrimento e a alegria da criação não apenas do universo, mas também da própria humanidade. É uma história do que ocorreu *in illo tempore*, quando os humanos ainda tinham permissão de participar do mundo dos deuses. Psicologicamente, essa história diz, ao menos em parte, que isso é o que ocorreu à humanidade e o que ainda pode ser importante no inconsciente de uma pessoa. Uma observação cuidadosa e uma compreensão profunda desses eventos é uma experiência religiosa para aquelas pessoas dispostas a vivê-la. Com isso, uma recriação pode ocorrer não apenas nas pessoas, mas também ao seu redor.

Além disso, este livro também apresenta um caso prático cuidadosamente selecionado concernente ao problema da imagem parental danificada, sua transformação e sua restauração a um lugar apropriado na vida interior da pessoa.

Penso que, para os tempos muito problemáticos em que vivemos, somos afortunados em ter o trabalho da Dra. Harding como um auxílio para as muitas pessoas que buscam uma saída para dificuldades dolorosas.

Franz Riklin
Zurique, 26 de outubro de 1964

Introdução

Ao escrever sobre um tema em qualquer campo de conhecimento, sempre temos de enfrentar a questão de começar do começo e explicar tudo, como para alguém que nada sabe sobre o tema; ou, caso desejemos explorar as áreas mais avançadas, assumir que os leitores estejam familiarizados com o ABC da matéria. Neste livro, sigo o segundo caminho, o que significa que os leitores podem ter de consultar outros trabalhos para a terminologia e teoria da psicologia analítica[1].

Mais de uma vez me disseram que analistas junguianos estão sempre falando sobre arquétipos e outras abstrações incompreensíveis, em vez de irem direto aos problemas reais com que os terapeutas deveriam lidar – os problemas, por exemplo, de neurose e delinquência, de sofrimento e conflito humanos, com que nos confrontamos a cada dia. Certamente, ao lidarem com uma pessoa com problemas, que apresenta sintomas neuróticos ou está em algum dilema emocional ou moral – qualquer pessoa que busque a psicoterapia –, analistas junguianos não desatam a falar sobre a sombra ou sobre a *anima*, muito menos sobre os arquétipos do inconsciente coletivo, assim como os médicos não entram em uma discussão sobre metabolismo com cada paciente sofrendo de indigestão.

---
1. Muitos desses trabalhos estão agora disponíveis, *e. g.*, os de Jolande Jacobi, Daryl Sharp e Anthony Stevens, e outros da própria Harding, listados aqui na lista de referências [N.E.].

Na verdade, em minha prática analítica, uso termos técnicos muito pouco, e dificilmente com iniciantes. No começo, estamos preocupados com as dificuldades que a pessoa perturbada traz, e, assim, começamos tentando desenredar os fios entrelaçados que contribuíram para o imbróglio em sua vida. Em alguns casos, esse procedimento é suficiente para liberar a pessoa do impasse, especialmente se é jovem, permitindo-lhe prosseguir com novos *insights* e, com isso, lidar com a vida de um modo mais inteligente.

Mas, com muitas pessoas, especialmente aquelas que já viveram uma parte considerável de suas vidas, isso não é o bastante. Os analistas terminam sendo obrigados a consultar o inconsciente dos analisandos para maior esclarecimento. Muitas pessoas, hoje, por já saberem algo sobre a importância da psique inconsciente, trazem à sua primeira consulta um sonho ou visão significativos que consideram relacionados ao seu problema. Mas, mesmo assim, pode ser que uma exploração do inconsciente pessoal baste.

Durante essa parte do trabalho, a pessoa é obrigada a confrontar sua sombra – aquele outro si-mesmo mais inconsciente que conhecemos apenas parcialmente e que odiamos reconhecer como parte de nós [cf. Harding, 1974; OC 9/2]. Dito de um modo simples, a sombra é aquele representante e aquela personificação do inconsciente pessoal, a região na qual todas as partes inaceitáveis da psique pessoal foram reprimidas. Gradualmente, quando a pessoa se torna consciente de sua sombra, é obrigada a fazer alguns ajustes bem radicais em suas atitudes para com a vida e a si mesma, bem como para com outras pessoas.

Enquanto isso, a *anima* em um homem e o *animus* em uma mulher provavelmente terão de aparecer, necessitando de ajustes emocionais cada vez mais penetrantes. Essa reeducação da pessoa exige um tempo considerável. A quantidade de dificuldades encontradas e o grau de desajustamento a ser retificado, e, na verdade, a seriedade do dano psicológico, variam consideravelmente de um caso a outro, mas, na média, essa parte do trabalho provavelmente não será realizada em menos de dois anos de análise. Na verdade, pode levar um tempo bem maior, pois não só a dificuldade do problema varia enormemente de uma pessoa para outra como também a capacidade para *insights* – o grau de inteligência psicológica da pessoa.

Por inteligência psicológica não quero dizer inteligência intelectual, pois não são a mesma coisa, tampouco ocorrem no mesmo grau em uma pessoa. Uma pessoa pode ser inteligente com a cabeça, mas muito estúpida com o coração, e a capacidade para *insights* está ainda em outra dimensão.

Mas, pouco a pouco, enquanto o trabalho de análise prossegue, problemas mais profundos e mais fundamentais virão à tona. E isso nos traz ao tema deste livro.

1 A imagem parental como fonte de receptáculo da vida

Atrás da parte individual da psique, à qual nos referimos como o inconsciente pessoal, com seu centro, a sombra, encontra-se um estrato mais profundo da natureza psíquica que é comum a todos os entes humanos. Na verdade, é o substrato comum da vida psíquica, do mesmo modo como os instintos formam a base da vida física. As camadas desse domínio psíquico coletivo são comuns a todos, mas são influenciadas em sua forma e funcionamento pela experiência individual da pessoa. São também modificadas consideravelmente pela família e por fatores ancestrais; ou seja, determinantes de uma natureza filogenética bem como de uma natureza ontogenética entram na experiência interior e nas motivações de cada pessoa.

Na verdade, a estrutura psíquica do ente humano é baseada em padrões subjacentes e determinada por eles, como Jung demonstrou em seu ensaio "Arquétipos do inconsciente coletivo" (OC, 9/1, § l). Ele mostrou que esses determinantes correspondem aproximadamente aos padrões que subjazem aos instintos, e como eles são invisíveis e inconscientes. Contudo, são inerentes a todos nós. São tipos ou padrões de funcionamento psíquico impressos na estrutura da psique. São antigos; na verdade, arcaicos, e Jung fala deles como *arquétipos*.

O termo "arquétipo" não é novo. Ocorre, conforme Jung indica nesse ensaio, em Fílon, o judeu, que se refere à *Imago Dei* (imagem de Deus) como um arquétipo. Jung cita muitos outros escritores clássicos que usaram o mesmo termo para os padrões não vistos que existem na psique.

Os arquétipos são eternos. Não podemos conceber atividade psíquica separada deles. São sistemas enérgicos de uma natureza psíquica, produzindo e determinando a forma da experiência psíquica. Obviamente, não podem ser definidos nem sequer descritos a partir do ponto de vista da consciência, pois não residem nela, onde poderiam ser vistos, mas no inconsciente. Todavia, a psique consciente é sempre determinada por eles. Nossas formas de compreensão, nossas categorias de funcionamento e consequentemente de pensamento, são determinadas pelos arquétipos. Somos imersos na estrutura do inconsciente como um peixe na água. Somente um minúsculo segmento da psique, que chamamos consciência, surge acima da superfície do oceano, e desse pequeno ponto de observação tentamos entender tanto o mundo a nosso redor quanto o mundo psíquico interior.

A experiência humana é dependente dos padrões impressos na estrutura psíquica da pessoa, e deles depende. E, assim, segue-se que a vida se desenvolve de acordo com um padrão, e embora haja muitas diferenças nas vidas e nos destinos humanos, o funcionamento dos padrões arquetípicos é claro. Dizemos, por exemplo, que um romance ou um drama é fiel à realidade ou não, mostrando que temos uma noção instintiva sobre se uma história de vida é real, ou seja, se segue ou viola o padrão arquetípico.

Padrões arquetípicos são ainda mais claramente expressos e reconhecidos quando são destituídos de fatores pessoais e aparecem sob a forma muito geral de mitos, lendas, contos de fadas e folclore, e, sobretudo, em símbolos religiosos e dogma. Essas representações dão a ideia geral daqueles padrões arquetípicos particulares que são ativos em um grupo de pessoas, ou em uma sociedade como um todo. Mas, além disso, a pessoa tem uma "mitologia" particular, expressa em sonhos, visões e fantasias que muitas vezes passam quase despercebidas pelo pano de fundo de sua mente. Esses revelam as formas arquetípicas correntemente ativadas nessa pessoa particular.

As imagens arquetípicas, sejam expressas na forma geral em uma religião ou mitologia, ou ocorrendo como a experiência subjetiva de uma pessoa, são as manifestações na consciência – a encarnação, por assim dizer – dos temas arquetípicos. As formas que assumem para a pessoa irão variar em relação à sua atitude consciente. Se a atitude de alguém geralmente se move para o crescimento e a realização da vida particular, as imagens arquetípicas encorajarão esse movimento. Mas, se na vida consciente a pessoa está se desviando de seu verdadeiro caminho, as imagens se tornarão mais desafiadoras.

Os chineses expressariam esse fato psicológico dizendo que uma pessoa está no *tao* quando sua atitude corresponde à situação arquetípica, mas que, se não está no *tao*, então, tudo vai contra ela. Quando a pessoa está no *tao*, experiencia bem-estar psíquico, expresso como um sentimento de graça. Jung descreve essa situação mais vividamente em sua descrição de seu primeiro encontro com um poder psíquico mais forte que seu ego (MDR, p. 40). Poderíamos quase nos aventurar a dizer que o destino e o bem-estar de uma pessoa dependem dos símbolos de valor que a motivam. E podemos ir inclusive mais longe, pois o destino e a história de civilizações também parecem seguir uma lei similar, como Arnold Toynbee demonstrou em *Um estudo da história*.

Ao longo das épocas, a função da religião foi a de expressar esses padrões em símbolos vivos que não apenas guiam a vida das pessoas, mas também têm o poder de liberar as energias do inconsciente para a vida consciente. Mas, quando a religião morre, parte-se a conexão com a fonte de energia no inconsciente, e a civilização, a menos que possa encontrar uma nova expressão para sua energia de vida, é ameaçada com extinção. É como se os símbolos formalmente expressos na religião tivessem sido danificados e, assim, perdido seu poder de nos guiar e salvaguardar diante do dinamismo do inconsciente.

Ora, os arquétipos do inconsciente não podem de fato ser danificados. Nada há de psíquico, até onde sabemos, além dos arquétipos, que possa danificar esses padrões eternos. Mas, por vezes, expressam-se nos sentimentos internos de uma pessoa, tanto quanto em sua experiência de vida externa, em imagens de injúria, perda ou decadência. Essas situações recorreram inúmeras vezes na história não apenas de pessoas, mas de culturas. E, assim, não surpreende encontrarmos imagens, lendas e mitologemas que lidam com essa experiência humana geral.

Por exemplo, na cultura judaico-cristã, a imagem do estado paradisíaco, o berçário da humanidade, foi arruinada pelo roubo do fruto da Árvore do Conhecimento. Após esse ato de desobediência, uma parte da criação de Deus não foi mais obediente à lei e, assim, não foi mais mantida nem sustentada por ela. A humanidade se alienou de Deus e consequentemente Deus não mais apareceu como o criador beneficente sagrado. Em vez disso, foi percebido como ameaçador e punitivo. Assim, podemos dizer que a imagem de Deus também foi danificada.

O estado paradisíaco retratado na história do Jardim do Éden corresponde ao mundo-mãe. O jardim é um espaço protegido, um receptáculo da criança imatura e impotente, um útero psicológico. Uma pessoa adulta deveria escapar desse mundo-mãe por um novo nascimento, mas, por vezes, a atração materna é tão poderosa que a pessoa jovem não consegue conquistar a liberdade da maturidade.

Essa situação é representada em muitos mitos, e pode ocorrer também na experiência vivida quando a mãe real não pode deixar seu filho partir para se tornar um adulto. Em vez disso, seu vínculo afetivo parecerá restritivo e até hostil. Esse é um resultado quase inevitável se a mãe é possessiva e se apega a seu filho por necessidade. Pode ocorrer também quando a mãe não é possessiva, mas é amorosa e protetora – superprotetora.

Nos mitos que retratam essa situação, a mãe é usualmente representada como uma deusa que ama muito seu filho e não o deixa partir, tentando mantê-lo consigo como seu amante. Usualmente, consegue, e o torna o filho-amante da mãe. Em alguns casos, o filho permanece contente com essa situação; mas, em outros, rebela-se ou se apaixona por uma mulher mortal. Então, ou sua mãe ciumenta o mata, ou o filho, em desespero, se castra, como fez Átis quando se apaixonou pela filha de um rei e foi atacado por sua mãe enlouquecida, Cibele.

Esse é um resultado comum que ocorre não apenas no mito, mas também na arte e na vida real. Um filho muito carinhosamente amado por sua mãe pode permanecer psicologicamente confinado a esse amor, praticamente incapaz de fazer a própria vida. Ele pode se sentir completamente bloqueado e cair em desespero, ou mesmo se matar. Essa é realmente a história por trás de muitos casos de suicídio de adolescentes, onde o menino era o querido de sua mãe coruja. Usualmente, são os jovens mais promissores, mais brilhantes ou artísticos, cujas vidas têm um fim trágico assim. Seus valores foram fomentados pelo amor e devoção da mãe, mas, muitas vezes, por trás de seu amor residem necessidade e possessividade excessivas. A mãe não consegue fazer o autossacrifício necessário, e, assim, seu filho se torna a vítima sacrificial.

Há outros mitos, nos quais o filho não morre. Em vez disso, sofre com um ferimento que nunca cura, usualmente infligido por um inimigo que representa a natureza instintiva, o elemento mesmo que foi reprimido na lealdade à figura maternal. O exemplo clássico dessa situação ocorre na lenda do Santo Graal, no qual Amfortas, o guardião do símbolo do espírito feminino – ou seja, o Graal – se dedica à perpétua castidade em seu serviço. Mas ele é atraído para um ato sexual por Kundry, uma incorporação com metade humana da serpente no Paraíso. Ela representa o lado inferior do princípio feminino, o oposto, por assim dizer, do Graal, e incorpora a própria natureza instintiva de Anfortas, que também certamente vem da mãe. Ele é pego deitado com Kundry e é ferido por Klingsor, seu tio. Seu ferimento não curará; irrompe novamente sempre que ele celebra o ritual do Santo Graal.

Essa lenda revela um aspecto diferente do mitologema do dano. Aqui, as figuras mãe e filho estão ambas danificadas. O Graal, que representa a mãe, está danificado porque seu sacerdote não pode mais executar seu dever, e o filho é ferido devido ao seu conflito interior entre natureza e espírito. Na vida cotidiana pode surgir uma situação similar através da indulgência excessiva de uma mãe em relação a seu filho, resultando em sua identificação com ela. É uma situação patológica, mas, em conformidade com o mito, pode ser um passo necessário no caminho para a individuação. A lenda do Santo Graal é a história da redenção do homem e de seu fracasso.

Assim, vemos que a indulgência excessiva por parte da mãe pode produzir dano sério, não apenas ao caráter da criança, mas também à noção de maternidade que ela carrega inconscientemente em sua psique. Há também outro padrão de dano que pode ocorrer à imagem materna que a criança traz em si. É de um caráter muito diferente e resulta da experiência não de uma mãe amorosa, mas da falta de uma.

Algumas crianças jamais conheceram o amor materno, jamais tiveram a experiência de ser queridas e valorizadas em suas personalidades individuais. Naturalmente, essas crianças sofrem em seu desenvolvimento consciente; e no inconsciente a imagem materna é negativa e destrutiva. É como se para elas a primeira imagem do materno tivesse sido danificada. O próprio padrão de "mãe" é distorcido – hostil em vez de amigável, cruel em vez de gentil, lidando com a morte em vez de doando a vida. Crianças que sofreram desse modo vivem em um estado interior patológico, pois a relação de uma criança com sua mãe é de suprema importância no desenvolvimento de uma pessoa, e quando isso é negativo o crescimento da criança é reduzido e distorcido.

É, na verdade, da maior importância para o bem-estar da pessoa que, quando criança, tenha uma forte relação com o aspecto protetor da mãe. A pessoa só pode se desenvolver da forma mais favorável quando sua relação com a mãe pessoal espelha, por assim dizer, a Grande Mãe arquetípica. Sobre esse tema, Jung escreve:

> A relação mãe-filho é, de qualquer modo, a mais profunda e a mais comovente que se conhece [...]. É a experiência absoluta de nossa espécie, uma verdade orgânica tão indiscutível como a relação mútua dos sexos. Assim, aquela mesma intensidade extraordinária da relação que impele instintivamente a criança a se agarrar à mãe está naturalmente presente também no arquétipo, na imagem coletivamente herdada da mãe. Com o passar dos anos, o homem cresce e se desliga naturalmente da mãe, contanto que não se ache mais num estado de primitividade quase semelhante à do animal e já tenha alcançado um certo estado de consciência e de cultura; mas não se desliga, de forma igualmente natural, do arquétipo [...]. Mas, se existe uma consciência relativamente eficiente, supervaloriza-se o conteúdo consciente, sempre em detrimento do inconsciente; daí surge a ilusão de que nada acontece quando a pessoa se separa da mãe, exceto quanto ao fato de ele deixar de ser o filho dessa mãe individual [...]. A separação da mãe, porém, só é completa quando o arquétipo está incluído nela. O mesmo se pode dizer, naturalmente, quanto ao desligamento do filho em relação ao pai.
>
> O surgimento da consciência e, consequentemente, o de uma vontade relativamente livre implica naturalmente a possibilidade de a pessoa se desviar do arquétipo. Este desvio provoca uma dissociação entre a consciência e o inconsciente, iniciando-se, então, a atividade [...] do inconsciente, sob a forma de uma fixação interior e inconsciente que se expressa através de sintomas, isto é, de maneira indireta (OC 8/2, § 723).

A importância dessa afirmação não é imediatamente aparente devido à forma concisa e muito abstrata de Jung expressar seu pensamento. Ele fala sobre a separação de uma pessoa dos pais e as implicações psicológicas. Essa separação pode ocorrer pelo processo de amadurecimento, que resulta na pessoa jovem saindo de casa, assumindo um trabalho no mundo exterior, e, no decorrer do tempo, casando-se e estabelecendo um lar seu. Ou seja, a separação pode ser realizada voluntariamente. Mas se, por qualquer razão, essa tarefa é evitada, então a separação ocorrerá involuntariamente e terminará acontecendo à pessoa no curso normal de eventos, por exemplo, quando os pais morrem. Mas, psicologicamente, como Jung observa, isso não é o bastante, a menos que ao mesmo tempo a pessoa jovem consiga se separar do *arquétipo* dos pais, o que corresponde ao desejo infantil de ser cuidada e amada.

O desenvolvimento da consciência e do livre-arbítrio no adulto traz consigo a possibilidade de que a pessoa possa fazer uma escolha pessoal que não está alinhada ao funcionamento persistente do arquétipo dos pais e da criança. Mas, a menos que a pessoa descubra como se separar do arquétipo dos pais, bem como dos pais humanos efetivos, ela não será realmente livre. Na orientação consciente, ela será dona de si, capaz de fazer uma adaptação externa que parece ser muito adulta, mas no inconsciente ainda estará vinculada ao arquétipo dos pais; ou seja, será infantil e à mercê de impulsos que surgem do inconsciente.

Essa situação produzirá, obviamente, um conflito entre impulsos conscientes e inconscientes. Se uma pessoa persiste em uma atitude deliberada e desconsidera as exigências internas do arquétipo, a brecha entre vontade consciente e inconsciente aumenta. No fim, o inconsciente, que é, com certeza, muito mais poderoso do que o consciente, começará a se manifestar em sintomas – sintomas de neurose em alguns casos, ou, em outros, a pessoa se tornará cada vez mais obstinada e rígida, para compensar os alertas internos negligenciados.

Em ambos os casos, a pessoa permanecerá vinculada ao arquétipo dos pais que então exerce uma influência surpreendente, e, como essa vem do inconsciente, onde sua causa e fonte são totalmente desconhecidas, produzirá um efeito inescapável, como se estivesse sob um encanto. A pessoa pode desejar fazer algo, adotar alguma atitude conscientemente decidida, mas, quando chega o momento de agir, faz exatamente o oposto – como se algum poder mágico estivesse operando.

Jung continua:

> A mente primitiva... instituiu ritos sumamente importantes... ritos da puberdade e as cerimônias de iniciação masculina, com o fim inequívoco de produzir a separação da pessoa em relação aos pais por meios mágicos. A celebração destas cerimônias seria inteiramente sem sentido se o primitivo acreditasse que a relação da pessoa para com os pais não era igualmente mágica... A finalidade destes ritos, contudo, não é apenas a de separar a pessoa dos pais, mas a de introduzi-lo no estado de adulto. Para isto é necessário que ele já não olhe mais com saudades para os tempos da infância e, portanto, satisfaça os reclamos do arquétipo lesado. Faz-se isto, substituindo a relação íntima com os pais por uma nova relação, a saber, relação com o clã ou com a tribo.
>
> Esta é a maneira como o primitivo, por razões que ele desconhece, procura satisfazer os reclamos do arquétipo. Uma simples separação com respeito aos pais não lhe parece suficiente, mas é necessária uma cerimônia drástica que se assemelhe a um sacrifício oferecido àquelas forças...
>
> Há muito tempo que estas coisas se tornaram estranhas para nosso mundo, mas isto não significa que a natureza tenha perdido alguma coisa de seu poder em relação a nós. Aprendemos apenas a subestimar este poder. Mas ficamos perplexos quando nos indagam de que maneira encara-

mos os efeitos dos conteúdos inconscientes. Para nós, evidentemente, já não pode se tratar de ritos primitivos. Isto seria um retrocesso artificial e ineficaz. Por isto temos já um espírito bastante crítico e bastante psicológico. Se me puserem esta questão, eu também me sentirei embaraçado, sem saber que resposta devo dar. Tudo quanto vos posso dizer é que tenho observado os caminhos que meus pacientes escolhem instintivamente para atenderem aos reclamos dos conteúdos inconscientes (OC 8/2, § 725s.).

Em muitos e, talvez, na maioria dos casos, esse problema se resolve de uma forma muito satisfatória. A pessoa média encontra uma medida razoável de satisfação em uma adaptação coletiva – um trabalho que não é exigente ou aborrecido demais; um casamento passável pelos padrões convencionais; tempo de lazer o bastante para, ao menos, sentir-se afortunada. Que o trabalho seja apenas *não* aborrecido em vez de estimulante, gratificante, convocando todas as suas capacidades criativas; que o casamento seja "passável" em vez de ser uma relação profundamente satisfatória e próspera; que o lazer seja repleto de atividades para passar o tempo em vez de ser experiências alegres. interessantes ou provocadoras de admiração – isso revela a penúria da época, devida à perda de uma relação com valores mais profundos, tão característica da cultura ocidental hoje. Em suas memórias, Jung escreveu:

> A questão decisiva para nós é: estamos relacionados a algo infinito ou não? Essa é a questão reveladora de nossa vida. Somente se soubermos que a coisa que realmente importa é o infinito podemos evitar fixar nosso interesse em futilidades e em todos os tipos de objetivos que não são de importância real (MDR [*Memórias, sonhos e reflexões*, na edição inglesa], p. 325).

Algumas pessoas completamente insatisfeitas com essa superficialidade e outras, incapazes de atingir mesmo isso, caem em desespero ou se tornam hostis. Há aquelas que sofrem durante a vida inteira de um sentimento de inadequação; sentem que são inaceitáveis, destinadas a serem estranhas excluídas de companhia normal, que o que quer que façam estará errado, o que quer que desejem será proibido. Elas são condenadas, alienadas de Deus e da humanidade, e também de si.

Essas são pessoas que nunca tiveram uma experiência adequada de amor materno. Na infância, sentiram que não eram desejadas e, consequentemente, nelas, a imagem da Mãe é a de um poder exigente e destrutivo. Mas o padrão arquetípico da Mãe como a fonte da vida – descrito por Jung na passagem citada acima – não é, por essa razão, obliterado nelas. Uma vez que não foi ativado por sua experiência efetiva, permanece no inconsciente, latente, sequer aparecendo como uma imagem. Nas pessoas mais danificadas, não é sequer passível de ser projetado em alguma mãe substituta – uma tia, avó, babá ou professora. Contudo, essa imagem positiva se manifesta, mesmo nas pessoas com mais privações, como a *expectativa* da Mãe. O recíproco da criança *é* mãe, com sua fraqueza e dependência sendo o reflexo obverso de sua força e cuidado. E, assim, nessas pessoas, a ausência da imagem da mãe é sentida como uma falta – uma privação é sentida, mas não a possibilidade de realização. A criança vagueia pela vastidão e permanece não apenas com privações, mas também ativamente hostil a tudo e a todos. Não infrequentemente, esse desespero se torna também autodestrutivo.

Entre aquelas pessoas que buscam ajuda de analistas há muitas cuja relação com seus pais não foi "normal", e, portanto, cuja experiência em casa foi distorcida e degradada. Pode-se dizer que jamais experienciaram a contrapartida terrena do Paraíso. Essa situação é extremamente comum nos tempos modernos.

A imagem dos pais arquetípicos e do lar é inerente a cada pessoa, tendo sido estabelecida pela experiência de geração após geração. Mas, além disso, como bem sabemos, essas imagens são modificadas pela experiência particular que cada pessoa teve de seu lar e seus pais. A imagem arquetípica normal dá a ideia de amor e cuidado parentais, e do lar como um lugar de segurança e um refúgio em tempos de perigo. Ou seja, uma experiência do aspecto positivo da imagem parental pode ser considerada normal. Mas há também um aspecto negativo dessa mesma imagem, que pode, por vezes, predominar. A mãe protetora pode ser substituída por seu aspecto devorador; o pai gentil e justo pode parecer tirânico e vingativo.

Felizmente, a imagem positiva é a normal e predominante. Não fosse assim, a espécie teria indubitavelmente se extinguido. Mais bebês teriam sido devorados do que auxiliados, mais filhos teriam sido mortos do que iniciados, e, assim, a raça humana teria perecido.

Contudo, em casos individuais, a influência dos pais pessoais pode ser tal que a imagem dos pais arquetípicos seja perturbada. O que ocorre à ideia do lar como um lugar de segurança, e dos pais como defensores e sustentadores, se os pais humanos não quiserem o aborrecimento de um filho, ou se estiverem tão profundamente envolvidos em um desejo de conforto e conveniência pessoais que negligenciam e exploram a criança? Os pais podem ser tão indisciplinados que a memória que a criança tem deles está vinculada a medo ou ansiedade, e associada a raiva e violência. E se a criança chega da escola e encontra a porta trancada, sem lugar algum para ir senão a rua, independentemente do clima?

Para uma criança assim, a imagem arquetípica dos pais e do lar será distorcida. Experiências desse tipo inevitavelmente têm um efeito negativo na imagem arquetípica, uma perturbação ou mutilação da ideia interna de Mãe na psique da pessoa que poderia ser considerada um dano psicológico. Esses danos estão na raiz de grande parte da agitação social e do comportamento perturbado, não só de adolescentes, mas naturalmente também dos adultos que essas crianças perturbadas ou delinquentes se tornaram.

A comunidade busca meios para controlar ou reparar essa condição quando leva a comportamento antissocial. Mas há muito menos casos severos em que a fibra moral da pessoa é tal que a torna capaz de viver uma vida externamente adaptada – uma pessoa que não enfrenta problemas com a lei, e cujas perturbações emocionais se mostram em conflitos internos, dificuldades em relações ou em sintomas de neuroses. Essas pessoas constituem uma proporção considerável daquelas que buscam ajuda psicológica de analistas.

Podemos perguntar se há uma cura real para experiências infantis desafortunadas assim. Essas pessoas devem ser consideradas completamente danificadas? Pela minha experiência pessoal, deveria dizer que, embora possa haver melhoria das consequências do dano pela compreensão e reeducação conscientes, não há chance de uma cura real a menos que a imagem arquetípica danificada possa ser reconstruída. O dano representa uma situação patológica séria, que é muito diferente do dano "normal" do vínculo mãe-filho arquetípico que ocorre quando a criança, tendo superado sua primeira dependência infantil, rebela-se contra o controle materno e inicia a jornada da vida. Jovens adultos, portanto, conquistam sua liberdade por um ato ou uma série de atos que danificam a relação fundamental com os pais. Essa é uma ocorrência normal, não patológica.

Tendo conquistado uma medida de liberdade, a pessoa deve, então, realizar uma adaptação à vida que é mais satisfatória que a dependência infantil que foi renunciada. O interesse da aventura e as recompensas ganhas com esse esforço usualmente se mostram satisfatórios durante a primeira metade da vida. Mas, quando poderes conscientes foram completamente explorados e começaram a evanescer, então a pessoa se torna cada vez mais consciente da esterilidade e solidão. Assim, torna-se necessário retornar às "profundezas maternas" para renovação. Se a imagem arquetípica da Mãe, danificada pela rebelião prévia, puder ser restaurada, a pessoa encontra uma nova vida. É como se renascesse. O círculo está conectado novamente e a imagem do lar é reconstituída. Isso é simbolizado pela imagem do ouroboros, a serpente mítica que, comendo a cauda, envolve o mundo[2].

O ouroboros representa a continuidade da vida, a comunidade do grupo e, sobretudo, toda a inteireza da pessoa. É, de fato, um símbolo muito difundido que representa o um e o todo, o alfa e o ômega. Erich Neumann escreve:

> Esse círculo e essa existência nele, a existência no ouroboros, é a autorrepresentação simbólica do estado da aurora, mostrando a infância tanto da humanidade como da criança (Neumann, 1970, p. 11).

---

2. O símbolo do ouroboros era conhecido na alquimia medieval e egípcia. É encontrado na Babilônia e em muitos outros lugares no mundo antigo. Aparece também em Platão e nos mandianos, bem como nas pinturas de areia nos navajos, e na África e no México.

É a fonte primal autocontida da vida psíquica, realmente o próprio inconsciente coletivo. A primeira forma na qual uma pessoa a experiencia está na relação com seus pais. Neumann se refere a essa experiência primal de inteireza como o ouroboros materno e paterno, termos que correspondem aos arquétipos materno e paterno. Essas imagens parentais representam a primeira divisão do começo desconhecido das coisas em aspectos que são capazes de consciência. Ou, dito de outro modo, só podemos ter uma consciência quando o começo primal está dividido em opostos, e essas formas secundárias são sempre representadas como homem e mulher, pois para a humanidade esse é o par mais fundamental de opostos.

O primeiro começo das coisas, a primeira causa, certamente é inteiramente desconhecida e desconhecível, pois precede nossa consciência. Podemos pensar em termos individuais e especular sobre o que existia de *mim* antes de eu nascer ou mesmo antes de minha concepção. Ou podemos seguir os cientistas em sua busca pelo começo da vida na terra, retroagindo ainda mais o mistério. Ainda assim, podemos apenas supor: houve outrora um começo, um lugar, um tempo primais?

Muitos físicos pensam que essa fonte primal era uma energia, mas se detêm diante do conceito de uma inteligência possível. Pensadores religiosos ao longo das épocas tentaram postular a inteligência como a fonte primária. O problema permanece insolúvel. Cada um de nós deve encontrar a hipótese mais satisfatória para si. Ou permanece como uma hipótese, ou deve ser uma questão de revelação, pois até agora é um mistério inescrutável.

Nos mitos e lendas que a humanidade conta para explicar esse mistério, o começo é usualmente representado como uma potência desconhecida, um sopro que se move sobre as águas caóticas, como descrito no Gênesis[3]. Desse começo incognoscível, independente da forma como é concebido, emerge o primeiro par por um tipo de nascimento. Em um mito grego, por exemplo, Nyx (Noite), como um grande pássaro de asas escuras, paira sobre a escuridão, que é vazia e sem forma, e, então, sem par, põe um ovo do qual o primeiro par de deuses nasce. Aqui, temos a concepção mais antiga de pais.

Não vou especular sobre a primeira causa desconhecida, que corresponderia, talvez, à totalidade do inconsciente, representado pelo ouroboros, mas me ocuparei com aquele aspecto do arquétipo que emerge dessa primeira causa, ou seja, o arquétipo parental, e sua conexão com a humanidade. Daí, vou para o conflito do herói para se libertar da dominação da figura arquetípica. Se é bem-sucedido em seus esforços, obterá algo de valor, mas a imagem arquetípica perderá uma parte de seu poder numinoso. O desenvolvimento da consciência envolve uma transgressão do governo absoluto, do despotismo, realmente, do inconsciente. A natureza não governa mais suprema, pois a humanidade conquistou liberdade e algum poder de escolha. Ou seja, o roubo da consciência e do livre-arbítrio pelo herói provoca um dano à imagem arquetípica dos pais, que, consequentemente, perdem parte de seu poder.

Na história da criação do Gênesis, o próprio Jardim era a mãe, enquanto Deus era o pai criador. Adão e Eva, os primeiros filhos, estavam completamente contidos no mundo pai-mãe. E,

---

3. Alguns outros exemplos estão no *En Soph* do misticismo judaico; a história gnóstica de *Nous*, o espírito, apaixonando-se por *Physis*, a matéria, e se tornando inextricavelmente envolvido com ela em seu abraço amoroso; e no Abismo dos *Mistérios caldeus*, um texto gnóstico dos séculos I e II.

exceto pelo trabalho do segundo dia, a criação foi pronunciada "boa". Mas o primeiro ato independente de Adão e Eva resultou em sua aquisição do conhecimento do bem *e do* mal; ou seja, eles se tornaram conscientes dos opostos. O Jardim não era mais tão bom para eles; sua integridade havia sido violada.

O primeiro passo, portanto, no desenvolvimento da consciência e liberdade humanas envolveu uma transgressão da lei dos pais e a separação deles. A humanidade conquistou sua liberdade, e, pelo mesmo ato, desligou-se da própria fonte da vida. A partir daí, foi sobrecarregada com a necessidade de fazer uma adaptação no mundo e subjugar a natureza aos seus propósitos.

Muitas pessoas não conseguem fazer isso, mas na meia-idade a pessoa é muitas vezes impelida a buscar novamente algum contato com a fonte inescrutável de energia e vida que se encontra nas profundezas da mãe do inconsciente. E, em certos momentos da história, um povo inteiro pode se defrontar com uma necessidade similar. A menos que essa tarefa seja realizada, a pessoa no primeiro caso, ou a sociedade no outro, torna-se cada vez mais alienada das profundezas doadoras de vida e cairá em desespero e decadência. A tarefa a ser assumida pela pessoa é a busca pela inteireza, por uma relação direta com o valor supremo da vida interior; pela sociedade, uma relação renovada com os valores tradicionais representados pelos símbolos religiosos.

Sempre que desejamos examinar um campo relativamente inexplorado da psicologia, especialmente quando diz respeito ao inconsciente coletivo, é aconselhável consultar duas fontes de informações. Primeiro, olhamos para os mitos que lidam com o tema, pois incorporam a compreensão intuitiva da experiência duradoura. Segundo, examinamos o material subjetivo que surge espontaneamente na experiência de pessoas modernas, especialmente aquelas experienciando análise. (Outros dados importantes também podem ser encontrados nos produtos criativos de artistas.) Se pudermos correlacionar os achados derivados desses campos de investigação, é possível que possamos aprender algo que terá uma certa validade geral. Proponho examinar material de ambas as fontes.

Quando, ao longo da vida ou de uma análise psicológica, somos repentinamente confrontados com as perguntas: "Quem sou? De onde vim?" e comecemos a vasculhar nossa memória em busca de alguma pista para o mistério de nosso ser, descobrimos que temos uma ideia muito clara e consecutiva de eventos e de nosso ambiente a partir dos 10 ou 12 anos de idade. Antes disso, a memória consiste em ideias, ocorrências e situações isoladas que só podemos atrair a um todo conectado com a ajuda de histórias familiares e da memória daqueles que já eram adultos quando nós, ainda crianças, ainda dávamos tudo como certo. Além dessa época, ou seja, antes do terceiro ou talvez segundo ano, tudo é em branco.

É verdade que alguns analistas afirmaram que, com a ajuda de associações livres, a memória pode ser levada de volta inclusive ao período pré-natal, mas penso que não podemos realmente diferenciar essas assim chamadas memórias da mitologia pessoal que pode facilmente ser ativada em muitas pessoas. Essas "memórias" são realmente mitos, histórias do estado do Jardim do Éden, e se originam do inconsciente.

Outros podem até se aventurar na mitologia ainda mais remota das encarnações prévias. Um ponto de significação nesse tipo de assim chamada memória é que ninguém em uma encarnação anterior jamais foi uma pessoa ordinária. Se é um homem, foi sempre um rei ou um nobre; ou, se é uma mulher, ao menos uma cortesã da nobreza, se não uma rainha ou princesa. Ora, dificilmente podemos supor que todos tenham sido nobres em alguma vida prévia, mas, se tomarmos "memórias" como fantasias de uma vida interior, então, podemos aceitá-las como verdadeiras. Pois no fundo do inconsciente de cada pessoa se oculta a imagem de uma pessoa nobre, o Si-mesmo, a pessoa que deveríamos ser.

Em mitos e contos de fadas, o remoto no inconsciente é usualmente representado como remoto no espaço e tempo. O começo de um conto de fadas é sempre algo como "Era uma vez". Quando ouvimos essa frase, sabemos que estamos sendo levados a uma terra de sonhos, de magia, de fadas e do inconsciente, onde devemos ouvir sobre princesas e reis e sobre o menino pobre que realiza um feito heroico e assim se torna nobre. No mito gnóstico, também, cada homem foi outrora real, um filho de Deus, e Deus retinha sua semelhança – ou seja, sua imagem – em sua guarda, pois os humanos foram seduzidos pelo Erro e deixaram a presença do Pai para habitarem na terra. Assim, sonhos ou fantasias de "era uma vez" ter sido de sangue real podem não estar tão longe da verdade se forem considerados psicologicamente.

Se examinarmos para além dessas memórias, ou fantasias, e tentarmos descobrir o que as precede, elas evanescem no mesmo nada que encontramos quando tentamos penetrar a escuridão e obscuridade a partir da qual nossa consciência humana individual surgiu como um sol em miniatura, para lançar sua frágil luz no desconhecido oculto.

Essa escuridão original é hoje chamada o inconsciente, mas nos termos usados por muitas religiões é o vazio, a condição do nada que, diz-se, havia antes que os deuses passassem a existir. Os deuses de nossa infância são, é claro, representados pelos pais, que envolvem o bebê como um mundo. A criança dorme com seu abraço, primeiro como um embrião não nascido e depois como uma criança em um mundo de conto de fadas – um Jardim do Éden pessoal. Os pais, então, formam um invólucro envolvente e protetor que representa o ouroboros materno e paterno. Permanecemos, portanto, envolvidos até que tenhamos conquistado nossa liberdade por uma revolta e vitória heroicas.

Por uma revolução assim, em certa medida, a pessoa supera a dependência dos pais. O pai e a mãe pessoais não são mais vistos como super-humanos em sabedoria e força. São despotencializados, e, talvez, pela primeira vez, a pessoa se apercebe de que não passam de pessoas mortais com falhas, fraquezas e ansiedades, e, também, com desejos de "fazer o melhor". Essa conscientização naturalmente liberta os pais do fardo de representarem Deus, o que alguns pais acham muito pesado, na verdade. Mas, com certeza, há outros que se ressentem da independência da criança e fazem tudo que está em seu poder para se manterem seguros no pedestal da autoridade e sabedoria que realmente pertence à imagem arquetípica de Deus.

A revolta da criança talvez possa ser considerada despreocupadamente, pois uma pessoa mais jovem usualmente imagina que "ter o melhor" da mãe ou do pai resultará em todos os privilégios da vida de adulto sem quaisquer das responsabilidades. A suposição consciente da criança será que pai ou mãe ainda estarão lá para resolver qualquer dificuldade. Mas isso só significa que a criança *não* superou a imagem arquetípica. Onde há maior conscientização, o jovem ou a jovem pode ter a maior apreensão e ansiedade quando, em sonhos ou na realidade, fica claro que eles agora são mais fortes que os pais. Se a batalha é vencida em um nível mais profundo e a pessoa consegue superar não apenas os pais, mas também o desejo infantil de proteção e apoio, então, ele ou ela começarão no mundo de forma independente. Isso será possível porque, por esse ato, parte da energia do inconsciente foi redimida da servidão aos pais, e fica disponível à vida consciente. Em termos mitológicos, a criança retirou dos deuses parte de seu poder para usar para fins humanos. O ego consciente da pessoa ganhou um grande prêmio, mas o próprio inconsciente, manifesto na imagem arquetípica, sofreu uma derrota; foi ferido, mutilado, fragmentado. E, assim, surge a pergunta: O que ocorre à imagem arquetípica quando essa primeira forma foi atacada com sucesso pela húbris do ego emergente?

Muito já foi escrito sobre o tema da provação do herói e sua luta para se libertar do jugo de seus pais[4]. Mas há um aspecto desse problema sobre o qual pouco foi dito. Muitos escritores e psicólogos se preocupam, muito corretamente, com a história do herói, que conquista sua liberdade superando e despojando a imagem paterna ou materna que o nutriu, adotou e aprisionou. Estão contentes em registrar o que ocorre à pessoa quando conquistou sua liberdade. Usualmente, não se preocupam com a questão relacionada ao que ocorre ao arquétipo cuja imagem foi danificada.

---

4. Os leitores são remetidos a OC 5, Neumann (1970), e Campbell (1949), que tratam do problema da luta do herói para se libertar do jugo do arquétipo parental.

Esse problema diz respeito à questão do dogma religioso. Deus é concebido como o Pai Celestial, ou como o Rei e Juiz onipotente, e essa imagem do valor mais elevado carrega o *mana*[5] do arquétipo. Ou seja, a imagem arquetípica é magnificada e idealizada, de modo que Deus é o Pai todo-amoroso, todo-justo da humanidade. Mas na pessoa a imagem de Deus é colorida por sua experiência particular com pais humanos. Deus está vestido, por assim dizer, com as roupas que os pais reais usam. Mas a imagem de Deus carrega também ainda aquela porção da energia psíquica que não foi incorporada à personalidade consciente da pessoa como um resultado da revolta do controle parental.

Na maioria dos casos, esse é, com certeza, um grande valor, dando significado e propósito para a vida. Mas, frequentemente, aqueles que se libertam do mundo dos pais perdem contato com os valores religiosos que lhes foram ensinados quando crianças, e não se preocupam mais com esses temas. Não lhes ocorre, pois isso não é geralmente percebido ou ensinado, que o poderoso e numinoso arquétipo que foi anteriormente mediado a eles por sua psique inconsciente continua a funcionar neles e no mundo tal como no passado, enquanto eles, tendo perdido o símbolo mediador, são deixados sem relação com ele e, assim, estão completamente à sua mercê.

Há algum modo pelo qual podemos obter acesso a essa fonte de renovação sem perder os valores individuais que conquistamos no mundo com tanto esforço?

---

5. *Mana* é uma palavra melanésia para uma qualidade fascinante ou numinosa em deuses e objetos sagrados. Uma "personalidade-mana" incorpora esse poder mágico (cf. A personalidade-mana, em OC 7/2) [N.E.].

Na antiga Babilônia, esse problema foi refletido em um mito da criação e no estabelecimento de uma sociedade ordenada na qual o herói conseguiu prevalecer contra os deuses parentais onipotentes. O mito revela o problema da relação da pessoa com os pais quando busca e encontra resolução na vida exterior. Quando um jovem se liberta do paraíso do lar suficientemente para encontrar trabalho e se casar, torna-se um homem, e desse modo diminui sua dependência dos pais na medida que afeta o aspecto extrovertido de sua vida. Mas, quando a meia-idade se aproxima, o problema tem de ser enfrentado em um nível mais profundo. Para muitas pessoas não basta ter uma vida exterior competente. Questões relacionadas ao significado disso tudo começam a exigir respostas. E, uma vez mais, o ostracismo do paraíso onde a Árvore da Vida cresce se torna um problema urgente.

Para aqueles que tiveram uma infância normal, a resolução desse problema até esse estágio não seria muito difícil. Mas, para outros, cujo desenvolvimento foi distorcido em função da privação infantil, as dificuldades aumentam enormemente. Há também aqueles que não sofreram privações sérias na infância, mas mais tarde na vida se encontram desterrados, por assim dizer, na escuridão, ostracizados não dos pais de fato, mas da comunhão com seu valor mais profundo, ou seja, de Deus. Outros, também, experienciam o que São João da Cruz chamou a "noite escura da alma", e são compelidos a embarcar em uma jornada cujo objetivo é tão frequentemente expresso pela imagem do Paraíso, onde é possível se renovar, renascer do útero da Grande Mãe.

Após uma discussão sobre o mito babilônico, materiais de casos modernos serão apresentados, mostrando como a separação dos pais arquetípicos, correspondendo à história mítica, apareceu nos sonhos de algumas pessoas e que tipo de experiências levaram à sua emancipação dos efeitos estultificantes do controle parental. Esse controle não era exercido na esfera consciente pelos pais de fato, mas influenciou essas pessoas a partir de dentro, de modo que eram impotentes para combatê-lo por meios conscientes. É somente quando o próprio inconsciente participou do movimento para se libertar do poder do arquétipo parental que essas pessoas foram capazes de se livrar da tirania que as inibia e se tornar pessoas por mérito próprio.

Certamente, um ato assim envolve um dano à imagem arquetípica da Mãe ou do Pai. Não pode mais existir na totalidade íntegra, governante única da psique da pessoa. Mas, quando o poder dos pais é rompido suas funções devem ser executadas de uma nova forma.

Essas pessoas tiveram de experienciar uma noite escura da alma, mas, quando o dano à imagem arquetípica dos pais foi reparado, descobriram que o inconsciente não lhes aparecia mais de uma forma assustadora e destrutiva. Em vez disso, mostrou-se como a própria fonte da vida e da criatividade.

O mito da criação babilônica nos diz que no início havia duas entidades. Elas eram de uma natureza masculina e feminina, mas não eram deuses ainda. Eram potências – em termos científicos modernos, eram energias, como a eletricidade positiva e negativa. Mas deles surgiu o todo da criação – ou seja, eram os pais dos deuses e deles evoluiu o universo inteiro. Isso era naturalmente representado como um nascimento.

Quando percebemos que um mito assim expressa a concepção antiga da origem da vida, não é difícil entender o poder surpreendente dos pais humanos. Eles incorporam a habilidade de criar; dão vida à criança e representam tudo que existia antes que ela nascesse. Não admira que os pais efetivos carreguem para a criança o poder verdadeiramente mágico da imagem arquetípica. No mito, as primeiras potências dão à luz um par de deuses, que, por sua vez, dão à luz um segundo par, e assim por diante, até que, por fim, o herói nasce. Ele é um último descendente das duas primeiras potências, que não eram consideradas humanas, embora os deuses, seus descendentes, fossem antropomorfizados.

No mito babilônico, o herói é, de fato, um deus; mas em ciclos míticos posteriores, como os gregos, o herói é um semideus, filho de um deus e de uma mulher humana. Não conheço mito algum em que um homem que acasale com uma deusa gere um herói. A criança de uma união assim é um demônio ou metade duende, um ente sem alma.

Quando um deus se une a uma mulher humana, a criança resultante é usualmente um herói – ele é o homem ideal, superior, tendo um espírito semelhante ao divino em um corpo humano que recebeu de sua mãe terrena. Ele é o verdadeiro homem moderno, destinado a ir além dos pais, para produzir um novo nível de civilização. Ele é o precursor de uma nova consciência, o criador ou iniciador de uma nova cultura. A fim de criar algo novo, o velho deve naturalmente ser superado, e o herói que é destinado a destruir as formas antigas é representado no mito como superando e destruindo os deuses parentais, um crime que envolve culpa e o ódio dirigidos a todos os inovadores.

Os primeiros deuses-heróis foram seriamente inibidos por sua dependência de pais onipotentes. Eles eram seus filhos, vinculados a eles, sem qualquer escopo para atividade ou iniciativa independente. Por um tempo isso os contentou, mas, no fim, um novo desejo, e mesmo uma necessidade, levou-os a lutar contra sua servidão. Eles queriam e necessitavam ser livres. Como consequência, os pais naturalmente pareceram ser hostis, pois representavam a dependência dos filhos. Se esses tivessem consentido em permanecer filhos e não tivessem começado a lutar, os pais teriam ficado muito contentes com a continuidade indefinida do *status quo*.

Na vida real, isso pode ser assim, mas no mito, os pais são mostrados como de fato hostis com seus filhos. O pai pode inclusive devorar seus rebentos, como Cronos quando foi alertado que um de seus filhos estava destinado, algum dia, a destroná-lo. Mas, usualmente, o primeiro ato hostil é do filho. Ele mata o pai e toma seu lugar. Veremos em nosso mito como o herói, tendo superado o Deus-Pai, conseguiu substituir a ordem antiga, baseada unicamente na dominação e ordem do primeiro governante, por leis que ele havia estabelecido. Os poderes e funções do Pai foram, então, divididos entre os deuses jovens que se tornaram responsáveis, cada um em sua esfera, pelo funcionamento ordenado do universo. E, assim, o poder absoluto do Pai foi difundido.

As funções pertencentes a esse primeiro Deus-Pai, então, passaram à sociedade masculina, executadas por reis e sacerdotes, bem como por membros masculinos comuns do grupo. Elas iam da dominação física às ideias abstratas. Essa foi a origem do governo patriarcal: códigos de lei, rituais de religião, direitos de propriedade e assim por diante.

No caso da Deusa-Mãe, o problema era muito diferente e, na verdade, decididamente mais difícil, pois ela era a única fonte da vida. Foi ela que deu à luz todas as coisas, e essa função não poderia ser usurpada por outros ou realizada por um ato consciente da vontade. Até hoje, a Mãe Natureza, a doadora de vida, rege a gravidez e o parto, e toda nossa tecnologia não pode duplicar sua função criativa. Era ela também quem concedia a fertilidade e que provia a colheita. Ao longo dos tempos, foi sempre uma Deusa-Mãe que tomou conta desse domínio essencial. A Mãe também era a incorporação das emoções, expressas na potência feminina original como emocionalmente indisciplinada, seja na natureza, com tempestades, furacões ou inundações, ou em entes humanos, com paixões de todos os tipos. E do lado positivo, era a fonte de amor e de relacionamentos. Assim, quando ela foi finalmente conquistada, o herói estabeleceu práticas e sacrifícios religiosos pelos quais esperava manter sua natureza selvagem em algum tipo de ordem, e ao mesmo tempo induzi-la a conceder sua energia criativa de dar vida a todas as fêmeas, incluindo mulheres, de modo que não pudessem ser inférteis, mas dotadas com seu poder milagroso de reproduzir segundo sua espécie.

O mito babilônico, portanto, indica uma distinção muito importante entre o caráter do princípio masculino, representado pelo Deus-Pai, e o princípio feminino, representado pela Deusa-Mãe. Mostra que o reino masculino deveria ser gerido por propósito consciente e força de vontade, e que até certo ponto pode ser assim gerido. E, por essa razão, a educação de meninos e homens jovens sempre enfatizou a necessidade de desenvolver autodisciplina e a aceitação da adversidade. Mas o domínio feminino é muito menos suscetível a controle consciente. As emoções podem ser reprimidas pela força de vontade, talvez, mas não serão desenvolvidas ou refinadas pela repressão. Assim, o Logos, o princípio masculino, é uma questão de consciência, enquanto o Eros, o princípio feminino, é muito menos assim (Harding, 2001, p. 33-38).

Em uma série de conferências sobre os Mistérios Dionisíacos, Linda Fierz-David apresenta essa distinção muito claramente [cf. Fierz-David, 2001]. Ela baseou sua exposição nos afrescos da Vila dos Mistérios em Pompeia e mostrou que os processos de iniciação do homem e da mulher diferem. A instrução começa do mesmo modo para ambos, mas quando a instrução inicial termina o homem e a mulher se separam. Ele permanece num quarto superior onde é iniciado por figuras masculinas, enquanto ela tem de atravessar uma passagem subterrânea a fim de encontrar o mistério obscuro de Dionísio como um deus fálico. Então, em seu retorno à sala superior, ela deve ser purgada por punição de toda possessividade em relação ao mistério do qual participou. Desse modo, chega à sua mulheridade (*womanhood*). Essa é uma experiência emocional, não um aumento da compreensão intelectual consciente como no caso do homem.

Em nossas vidas comuns, somos muito conscientes de que pensamento e todos aqueles processos relacionados à esfera masculina dos Pais são mais suscetíveis de consciência do que as emoções, que pertencem ao domínio das Mães. E a iniciação dionisíaca mostra que esse domínio deve ser gerido não por planejamento e força de vontade conscientes, mas por práticas e sacrifícios religiosos.

No período de nosso mito, provavelmente um milênio antes do começo de nossa era, o problema das emoções não podia ser resolvido – na verdade, nem mesmo hoje foi resolvido. Contudo, no mito, um caminho para a solução é indicado, pois o "filho da mãe" é sacrificado para que o homem possa ser criado –

criado para o propósito único de que possa servir os deuses. Esse é um débil presságio do mistério cristão da redenção e da função religiosa da humanidade.

Esse mito, como muitos outros, refere-se a dois níveis da experiência humana, a externa e a interna. O primeiro nível diz respeito à liberação efetiva dos jovens de seu vínculo infantil aos pais e sua luta para se tornarem adultos independentes. O segundo nível diz respeito à experiência subjetiva do desenvolvimento interno – a conquista da maturidade psicológica – cuja dependência da autoridade externa é substituída por uma relação nova e individual com as profundezas da mãe do inconsciente e com os valores espirituais do Deus-Pai. Isso não pode ser estabelecido apenas por esforço consciente. Surge da experiência do numinoso, que corresponde às iniciações do mistério experienciada pelos antigos.

No Gênesis, o homem e a mulher agiram de forma independente, sendo induzidos a isso pela serpente. Como resultado, devastaram a lei totalitária que havia governado o Jardim tão bem. Nesse ponto, um novo padrão entrou em jogo. O Gênesis prossegue, dizendo o que ocorreu como resultado desse dano – um dano não só ao sistema unitário do Jardim, mas também ao sistema unitário da humanidade.

A unidade original foi rompida pela chegada de um novo princípio, ou seja, a consciência. Mas nenhuma menção é feita no Gênesis ao que ocorreu ao Jardim do Éden quando seu estado unitário foi, assim, rudemente interrompido. Há, contudo, uma lenda judaica que conta como Deus removeu o Jardim paradisíaco da terra para o além, onde poderia ser desfrutado somente por aqueles cuja culpa fosse expiada e que tivessem conseguido recuperar sua inocência perdida. Desse modo, a imagem do Paraíso seria reconstruída após seu dano. Essa ideia corresponde à "nova Jerusalém" descrita por São João, o Divino (Ap 21,2). Mas a descrição que ele nos dá não corresponde exatamente ao Jardim original, pois ele conta sobre uma cidade, não um jardim. Ou seja, o Paraíso não é mais um produto puramente natural; como uma cidade, teve de ser construído pelo esforço e engenho humanos, pois uma cidade é feita por humanos, não ocorre na natureza. Mas, uma vez mais, a árvore milagrosa cresce ao lado do rio, e essa árvore é para a cura das nações.

A humanidade também é transformada. Embora possamos ser perdoados por nossa húbris no roubo do fruto – contanto que um sacrifício aceitável seja feito –, ainda assim, não poderíamos recuperar nossa inocência perdida. Poderíamos ter-nos tornado inocentes diante da lei, mas agora somos experienciados no conhecimento do bem e do mal, e, assim, nunca mais podemos ter a inocência dos castos – da vida antes da Queda ou do bebê recém-nascido. Necessariamente, cada um de nós é um "sábio", cindido em opostos. Caso um dia nos tornemos um todo novamente, deve ser em um novo nível.

E, assim, a reconstrução após o dano não produzirá um retorno ao *status quo ante*. A inteireza será necessariamente de uma ordem diferente. A imagem do Paraíso foi devastada e o Jardim deixou de ser um lar; tornou-se uma memória de felicidade, um estado abençoado do qual somos excluídos, algo profundamente desejado e para sempre negado. Sem ele, sentimo-nos frustrados, alienados de Deus e de nosso si-mesmo original.

Esse aspecto do arquétipo é mostrado em muitos mitos da criação além do judaico, e em todos há o tema do dano. Constitui o que poderia ser chamado o dano normal à imagem arquetípica, pois sem ele nenhum progresso é possível.

Corresponde ao despertar da pessoa para a autoconsciência. Há vários resultados possíveis da situação produzida pela chegada da consciência e do poder de escolha. A ênfase nos mitologemas correspondentes incide sobre diferentes aspectos da situação. Expulsos do Paraíso, ou permanecemos frustrados, lamentando para sempre a felicidade perdida, o estado inocente de estarmos livres de ansiedade e de necessidade de iniciativa pessoal no mundo pai-mãe, ou tomamos a liberdade de escolha roubada e vamos construir um mundo nosso com trabalho e engenho pessoais.

Se um homem, que se separou do mundo parental do Paraíso por rebelião ou por um ato de desobediência correspondente ao roubo do fruto no Éden, não é capaz de dar os outros passos necessários para conquistar sua independência, continua permanentemente na vastidão. É como se a imagem arquetípica da relação de filho e pais tivesse recebido um dano patológico, de modo que o mitologema não pode prosseguir da maneira normal. O filho permanece na condição de um lutador, em vez de ser capaz de se tornar um herói (Neumann, 1972, p. 66; 1970, p. 88). Essa falha para conquistar a liberdade produz uma triste condição psicológica, infelizmente não incomum. Leva à inércia e ao desespero ou à hostilidade violenta.

Quando Adão e Eva roubaram a maçã no Éden, sofreram não apenas com a culpa, mas mais imediatamente com a perda da proteção e do apoio imerecido provido pelo Jardim, e – ficaram terrivelmente sozinhos. Ostracizados de Deus e excluídos do espaço protegido onde viviam suas vidas, encontraram-se confrontados pelo mundo inexplorado. Mesmo isso não era a soma total de seus problemas, pois não só foram excluídos do Jardim como também amaldiçoados – Eva foi incumbida da maternidade, e Adão foi amaldiçoado com o cultivo da terra em vez de permanecer um coletor de alimentos. Eles conquistaram a possibilidade de desenvolver sua consciência e forma de vida individuais, embora a um grande custo.

Mas o Todo-poderoso também sofreu, pois Ele perdeu justamente essa quantidade de sua soberania absoluta ao criar a consciência e o livre-arbítrio humanos. E, ao mesmo tempo, perdeu sua última e maior criação. Os humanos não pertenciam mais absolutamente a Deus. Pertenciam a si! Deus se tornou relativo a nós. Pois se podemos escolher, Deus não é mais onipotente, não mais a soberania incontestável. Esse desenvolvimento só pode ser considerado um dano a Deus. Ou deveríamos dizer à imagem de Deus? Após o roubo da Árvore do Conhecimento, Deus foi obrigado a mudar, como também teve de mudar novamente durante o encontro com Jó, como Jung demonstrou [cf. OC 11/4; Edinger, 1994; 1986]. Outra mudança ocorreu como resultado da encarnação de seu filho, e ainda outra redução de sua condição absoluta foi anunciada na Igreja Católica pela promulgação dogmática da Assunção da Virgem Maria. Isso tem muito a ver com o problema do princípio feminino que é uma grande preocupação do material que consideraremos aqui.

A mudança e evolução graduais na imagem arquetípica da deidade que ocorreu através do aumento da consciência humana envolve, portanto, um dano à própria imagem arquetípica. Isso, também, é expresso no desenvolvimento posterior do mitologema. É um dano que ocorre, ou deveria ocorrer, na experiência psíquica de cada pessoa particular que aspira a ser moderna, no sentido daquela que está na vanguarda da civilização e se dirigindo ao futuro.

2 A lenda babilônica do começo da consciência

O mito da superação dos pais e seu consequente dano chegaram a nós do passado remoto, na lenda babilônica da criação conhecida como o *Enuma Elish*. As linhas gerais dessa lenda são muito amplamente conhecidas, mas poucas pessoas fora do círculo de especialistas estão familiarizadas com a descrição detalhada que é dada na tradução de Sidney Smith, ex-assiriólogo no Museu Britânico (Smith, 1931), e um número ainda menor está atento à importância psicológica desse material instrutivo. Na interpretação do mito, vou me basear principalmente na tradução de Smith, mas também usarei material complementar das traduções de Rogers (1908) e Langdon (1931).

A lenda foi registrada nos tempos babilônicos em tabletes de argila, e partes de várias versões sobreviveram. Os primeiros fragmentos foram desenterrados no palácio e na biblioteca de Assurbanipal, em Nínive, em 1848, e outras partes da mesma lenda foram encontradas desde então. Esses tabletes existiram entre 668 e 632 a.C. (a data aproximada do incêndio desastroso que destruiu o palácio de Assurbanipal), mas as lendas que registram são muito mais antigas. Provavelmente, datam de cerca de 2000 a.C. Quando os tabletes foram descobertos, foram levados ao Museu Britânico, mas como nenhum método fora encontrado para decifrar a escrita cuneiforme usada, permaneceram guardados nos porões do museu e só foram traduzidos muito tempo depois.

A tradução de Sidney Smith preserva a qualidade dramática da narrativa. Ele nos conta que a versão que usou foi escrita nos tabletes que estão no Museu Britânico provavelmente em algum momento após 800 a.C., mas que uma inscrição datada de 1580 a.C. dá evidências de que a história de Marduc era conhecida naquela época. Assim, o material com que temos de lidar é, na verdade, muito antigo, e é notável quão compreensível é para nós agora, mostrando quão relativamente pouco mudamos ao longo dos séculos.

Há sete tabletes do mito da criação babilônico, tratando da criação do mundo e dos humanos. São parte da história lendária dos deuses e suas explorações, que foi recontada para enfatizar a glória do deus-herói que resgatou os outros deuses de muitos apuros e finalmente criou a humanidade para os servir. Esse deus-herói era conhecido por um nome diferente em cada uma das grandes cidades-Estados da Suméria, Assíria e Babilônia.

Na versão que Smith usa, Marduc é o herói cujas explorações precederam e tornaram possível a aparição da humanidade à cena cósmica. Marduc foi o deus da cidade da Babilônia. Em outras cidades, as mesmas explorações são atribuídas ao deus favorito daquele lugar. Assim, por exemplo, na cidade de Shur, o deus de mesmo nome ocupava em suas lendas a mesma posição que Marduc na Babilônia, enquanto Enlil ocupava um lugar similar em Nippur, e assim por diante. Por volta de 2000 a.C., Marduc começou a assumir uma importância maior, até que finalmente se tornou o principal deus do panteão.

O mito foi escrito na forma de um poema e foi usado aparentemente como a base do ritual do Ano-novo, que ocorria na mesma época do equinócio da primavera [cf. Bond, 2003, cap. 2]. Durante os onze dias do festival, a lenda era recitada inteiramente. O fato de que o Ano-novo era celebrado no equinócio da primavera nos parece estranho, pois o celebramos no solstício de inverno, mas, até 1582, mantivemos o Ano-novo em 25 de março. Os babilônios observaram o ponto particular nos céus onde o sol surgia no equinócio, ou seja, quando os dias e noites eram de duração igual, e calcularam o ano a partir desse ponto, tendo como referência os signos zodiacais, que eles foram os primeiros a mapear e nomear. Essa lenda nos diz como isso foi feito. Na cultura ocidental, os signos do zodíaco ainda são conhecidos pelos nomes que os babilônios lhes deram.

A lenda babilônica da criação registra a atribuição de uma posição particular no céu a cada deus. Um dos "planos astuciosos" que Marduc concebeu foi estabelecer os deuses de seu grupo nessas moradas, no lugar daqueles que as haviam habitado quando o caos primal reinava. A época em que a lenda foi formulada correspondia à transição do ponto de partida de Taurus, o Touro, para Áries, o Carneiro, ou, como é frequentemente chamado, o Cordeiro.

Em um selo sumério datando aproximadamente do século XXV a.C., um deus, provavelmente Adad, que corresponde a Marduc, é representado pulando sobre um touro, enquanto Shamash, o sol, sobe acompanhado por sua águia. Ushtar, como a estrela da manhã, precede-o (Langdon, 1931, p. 60). Sobre um altar de Palmira, datando aproximadamente do começo da era cristã, Marduc é mostrado como um menino nu emergindo de um cipreste com um carneiro sobre seus ombros. Assim,

Marduc é mostrado aqui carregando Áries, o Carneiro, a nova era, enquanto na representação mais antiga ele pula sobre Taurus, o Touro, representante da era que estava recém-passando, ou seja, a transição de Taurus, para Áries, que ocorreu aproximadamente em 2000 a.C.[6]

Estamos interessados, principalmente, na interpretação psicológica do material, e especialmente na luz que essas histórias jogam sobre o pano de fundo arquetípico da psique. Ao observarmos como esses arquétipos influenciam as pessoas nos dias de hoje, olharemos para as imagens pelas quais são representados e seus equivalentes modernos.

O mito relata que no começo nada existia, exceto Apsu, o Abismo de Água Doce (ou seja, potável), com sua contraparte feminina, Tiamat, o Abismo de Águas Amargas (salgadas). Essas lendas vêm dos povos antigos que viviam na terra do delta na cabeceira do Golfo Pérsico, onde o Tigre e o Eufrates desembocavam no mar. Esse não era um estuário bem-definido, mas um enorme pântano, pois os rios se dividiam em um grande número de riachos na terra plana que é frequentemente inundada como resultado. Apsu, então, personifica o Grande Rio e a água que flui do céu, ou seja, a chuva, enquanto Tiamat é o oceano.

É interessante notar que o abismo ou caos é aqui representado por dois princípios ou formas, ambos de uma natureza aquosa, enquanto em outros mitos são representados como água e terra, ou céu e terra. Em muitos mitos, o abismo primário, ou vazio, é indiferenciado, nem masculino nem feminino. A separação nesses dois primeiros opostos é concebida como o

---

6. No começo da era cristã, o sol passou para Piscis, Peixes, e Cristo, o Cordeiro, foi sacrificado. O signo dual de Peixes, comparado a Cristo e seu oposto, o anticristo, praticamente encerrou seu ciclo, e estamos prestes a entrar na era de Aquário, que também é mostrado em muitos relevos babilônicos seguindo Peixes.

primeiro ato da criação. E, em nosso mito, também, o tempo antes do começo é caracterizado pelo fato de que as águas eram misturadas, ainda não separadas em Apsu e Tiamat. O poema declara que a criação começou quando os céus ainda não tinham nome e as duas águas se misturaram, possivelmente na região pantanosa onde o Tigre formava um grande delta. Mas os tabletes nos falam, nesse começo, sobre a invenção da construção pela elaboração de esteiras entrelaçadas para colocar no pântano e então pela acumulação de barro no material entrelaçado onde rapidamente secavam num tipo de adobe. O texto diz:

> Todas as terras eram mar.
> [...]
> Marduc cobriu com uma esteira de junco,
> Ele fez terra e a empilhou ao lado da esteira de junco
> (Smith, 1931, p. 8).

Vemos, aqui, a dificuldade que os humanos encontraram quando tentaram narrar o tempo antes que viessem a existir. Eles postularam o homem ou, como aqui, um herói-deus, mesmo afirmando que ele ainda não tivesse sido criado. Temos um problema similar ao tentarmos imaginar como era antes do começo de nossa consciência pessoal. É como se, quando não há alguém para conhecer, nada existisse, e, consequentemente, se algo existe, deve haver alguém que o conhece. (Isso corresponde, é claro, à questão filosófica moderna sobre a existência ou não do mundo se não há alguém para conhecê-lo.)

Assim, aqui, o poema definitivamente afirma que nada havia senão o abismo de águas, e imediatamente prossegue dizendo o que o herói fez para instaurar a ordem. Uma consciência, ego, tem de ser postulada para que qualquer descrição seja possível. Na Babilônia, o mito da criação era recontado a cada ano, durante as cerimônias do Ano-novo, de modo que as pessoas pudessem lembrar dos deuses. Ainda fazemos o mesmo quando recontamos a história sagrada de nossa religião nos festivais apropriados. Os cultuadores participavam emocionalmente dos acontecimentos sobre os quais ouviram e assim, de algum modo, assimilavam em si os valores conquistados antes deles pelos deuses e heróis antigos. Assim, um efeito psicológico é produzido por meio de uma identificação com os ancestrais.

Falando sobre a iniciação aos mistérios dionisíacos retratada nos murais da Vila dos Mistérios em Pompeia, Linda Fierz-David escreveu:

> Contanto que os mitos antigos estivessem vivos para a humanidade, a participação em um culto misterioso poderia ser uma experiência original para a pessoa, ou seja, com ela os participantes poderiam ser diretamente tocados pelas imagens arquetípicas, poderiam ser profundamente afetados por elas e, com isso, ser salvos da psique bestial coletiva que é uma mera mixórdia (Fierz-David, 2001, p. 73).

Matthew Arnold fez uma observação similar ao considerar a situação de um frequentador do teatro ateniense presente a uma apresentação da peça *Oresteia*, o ciclo de dramas que descreve o mito de Orestes e seu destino. Arnold escreveu:

> A terrível história mítica antiga na qual o drama foi fundado se encontrava, antes que entrasse no teatro, traçada em suas linhas básicas na mente do espectador; encontrava-se em sua memória, como um grupo de estátuas, indistintamente vistas, no fim de uma longa e escura perspectiva: então, chegou o Poeta, personificando traços faciais, desenvolvendo situações, sem uma palavra sequer desperdiçada nem sentimento caprichosamente inserido: ação após ação, o drama prosseguiu: a luz se aprofundava sobre o grupo;

cada vez mais se revelava ao olhar fascinado do espectador: até o fim, quando as palavras finais foram proferidas, ficaram diante dele em plena luz do sol, um modelo de beleza imortal (Arnold, 1995, prefácio à edição de 1853).

O espectador deixou o teatro profundamente impressionado, mudado, ao menos sob alguns aspectos, pela experiência da qual participou, e, como Fierz-David diz, "diretamente tocado pelas imagens arquetípicas", que haviam sido revivificadas pela arte do poeta e dos atores.

A narração de lendas cristãs – ou de qualquer outra religião – pode ter um efeito similar, e essa é uma razão pela qual formam uma parte importante da educação religiosa de uma pessoa. Se a pessoa que narra é tocada pelas imagens arquetípicas na história, a audiência também será tomada por elas. Isso é demonstrado anualmente no impacto emocional do ciclo de peças *Oberammergau* na Alemanha, e é similarmente experienciado por muitos povos religiosos na celebração da Eucaristia e do *seder* judaico, para mencionar apenas dois rituais arquetipicamente importantes no Ocidente.

O mito que estamos considerando aqui é muito mais antigo que os mistérios dionisíacos ou a *Oresteia*. Mas, também, contou – recontou – o mito da forma como as coisas são, e provavelmente parte dele também era apresentada em festivais apropriados. Para os participantes, os eventos arquetípicos viviam novamente e eles, também, eram mudados pela experiência. Na câmara de iniciação da Vila dos Mistérios em Pompeia, a primeira cena mostra um acólito lendo um pergaminho, provavelmente a descrição do mito de Dionísio e Ariadne em Naxos, enquanto o postulante ouve atentamente. Mas nas cenas seguintes o candidato para iniciação participou diretamente no ritual sagrado, de modo que o impacto do evento arquetípico foi enormemente aumentado.

Em rituais cristãos, a história sagrada de redenção se desdobra diante de nós, e os iniciados a compartilham através do batismo e da comunhão. Mas, para as pessoas hoje, os ritos da Igreja perderam seu *mana*. Para aquelas pessoas para quem esses rituais ainda expressam as necessidades da psique inconsciente, eles podem, na verdade, ser reparadores, mas para muitos isso não é assim. Eles têm de procurar uma relação pessoal com o inconsciente, por meio da qual possam viver seu ritual redentor. E, para algumas, ao menos, a busca pela verdade neles leva a um encontro no qual as imagens arquetípicas que surgiram em seu inconsciente exibem a história antiga do renascimento e do caminho para a individuação. Na verdade, é mais importante que crianças e adultos sejam expostos ao mito e ao ritual porque imagens arquetípicas úteis são, desse modo, ativadas no inconsciente.

As sentenças iniciais do poema babilônico tentam fazer com que os participantes da cerimônia do Ano-novo percebam como era o mundo antes da criação, de modo que pudessem não só se maravilhar com o trabalho realizado pelos deuses e heróis antigos, mas também se entusiasmarem para assumir tarefas similares.

> No começo nada havia.
> Nenhuma casa sagrada, nenhuma casa para os deuses em um lugar sagrado jamais havia sido feita.
> Nenhum junco havia brotado, nenhuma árvore havia sido criada...
> Nenhuma casa havia sido feita. Nenhuma cidade havia sido construída (Smith, 1931, p. 8).

Os nomes das cidades que não haviam sido construídas são então listados. Essas cidades são todas muito antigas, situadas no sul, longe da Babilônia onde viviam as pessoas que escreveram a descrição. Era como se, ao tentarmos fazer com que as pessoas se apercebessem da antiguidade dos eventos que seriam narrados, disséssemos: "Isso tudo aconteceu antes que Roma fosse construída. Troia ainda não havia surgido. As cavernas pré-históricas na Rodésia não haviam sido habitadas. No tempo antes *disso* era o abismo de trevas".

O mito afirma que antes do tempo dessas cidades antigas, quase esquecidas, havia o Abismo de Águas Amargas, chamado Tiamat. Ela era a mãe de toda a criação, e veio do lugar em que o oceano era o fator dominante da existência, nas terras pantanosas do Golfo Pérsico. Mas chegou o tempo em que os habitantes daquelas cidades antigas no pântano se mudaram para o norte e gradualmente desenvolveram a Terra dos Dois Rios, como era chamada – ou seja, a Assíria –, situada entre o Eufrates e o Tigre. Então, Apsu, o Abismo das Águas Doces, passou a ocupar um lugar preponderante em suas concepções. Na época em que os tabletes foram escritos, Tiamat e Apsu receberam um lugar igual como originadores da criação. Na consciência das pessoas que viviam no Golfo, a Mãe foi reconhecida primeiro, e, mais tarde, quando um certo estágio de desenvolvimento ocorreu, o Pai passou a ocupar o primeiro lugar.

Isso se encaixa na estrutura matriarcal antiga das tribos primitivas. O patriarcado se desenvolveu provavelmente apenas quando a propriedade passou a ser individualmente possuída, uma inovação relacionada à fundação de aldeias mais ou menos permanentes e à arte de domesticar animais e de cultivar a terra. E, é claro, também corresponde à primeira experiência de cada criança. A mãe é a primeira realidade, a fonte da vida, calor e nutrição. O pai entra em cena depois.

Nos mitos babilônicos que sobreviveram, não apenas as duas águas eram a própria fonte da vida naquele país de desertos quentes, mas também histórias de um dilúvio desempenharam um papel importante. Essas lendas podem ter se baseado em inundações efetivas dos rios, ou em inundações do mar experienciadas no passado remoto no Golfo da Pérsia – inundação que trouxe desastre e morte. Assim, Apsu, o Grande Rio, e Tiamat, o oceano, tinham, cada um, um aspecto beneficente e ameaçador. Um ou outro poderia, a qualquer momento, romper os limites estabelecidos pelos deuses e provocar uma inundação que destruiria o povo.

Foram os deuses que estabeleceram os limites nessa descrição. Deus no Antigo Testamento também estabelece limites. Pois quando Javé estava contando suas realizações a Jó, ele lhe perguntou: "Quem fechou o mar com portas, quando surgiu?... e colocou barras e portas, e disse: Até aqui, virás, mas não mais adiante: e aqui tuas orgulhosas ondas permanecerão?" (Jó 38,8-11). A resposta esperada, é claro, é que o próprio Javé havia feito isso. Isso sugere que as "águas" precederam sua aparição, e que antes de seu tempo eram praticamente sem limites. Na verdade, o par primal do mito babilônico não tinha limites concebidos por eles. Isso corresponde ao fato de que, na história pessoal de cada um de nós, os pais têm poder tão ilimitado como Apsu e Tiamat, e têm também uma qualidade dual correspondente.

Se a mãe e o pai pessoais são guiados apenas pelo instinto materno e paterno, não estabelecem quaisquer limites ao seu poder em relação à criança – eles simplesmente agem como o instinto comanda. É verdade que, sem seu dom de nutrir, a vida que deram à criança em breve seria extinta. Mas se um ou outro deles exerce uma influência excessiva – ou seja, se há um excesso de cuidado parental – a consciência emergente da criança pode ser inundada ou mesmo submersa, assim como pode ser esmagada quando o instinto parental funciona negativamente e os pais são cruéis ou negligentes. Assim, isso que é geralmente considerado um lar inusualmente bom, com pais indulgentes e permissivos, pode de fato resultar na destruição da criança, com seu desenvolvimento interrompido e com todos os esforços na direção da independência inundados, submersos em bondade.

Em prol de seu desenvolvimento psicológico, os pais deveriam fazer uma distinção *dentro deles* entre os papéis materno e paterno arquetípicos que estão desempenhando e sua humanidade como pessoas conscientes. Desse modo, estabelecem limites ao poder ilimitado e demandas do instinto; ou seja, funcionam em relação à urgência instintiva interna, como os deuses fizeram em relação a Tiamat e Apsu (como veremos). Desse modo, podem também estabelecer limites com relação aos filhos, pois, como pessoas humanas, devem a devida consideração às necessidades de suas vidas como pessoas separadas, além de sua função como pais.

Em relação aos seus filhos, também, devem compreender que desempenham um papel dual. Ao fazerem isso, ajudarão as crianças a se aperceberem desse fato, pois têm a função dos deuses primais, originadores da vida, e também dos deuses secundários do destino e emoção humanos, que devem estabelecer limites para o instinto que é, de outro modo, irrestrito. Em outras palavras, um homem ou uma mulher que se tornam pais têm um papel arquetípico a desempenhar, mas isso deve ser restringido pela consciência e pelo desenvolvimento pessoal da pessoa humana. É como a situação em uma análise psicológica, onde os analistas também desempenham um papel dual. Devido à transferência, tornam-se os portadores de um símbolo arquetípico, cuja numinosidade surge nas emoções dos analisandos que estão conectados com o valor supremo; e, ao mesmo tempo, os analistas são pessoas, entes humanos, com quem os analisandos devem desenvolver uma relação de compreensão mútua.

A afirmação no mito de que os deuses estabelecem limites ao poder ilimitado de Tiamat e Apsu tem outra significação de importância considerável. Quando uma pessoa entra em contato com o inconsciente coletivo, não é raro que sonhos e imagens de poder extraordinário e fascinante comecem a inundar a consciência, por vezes, de um modo muito perigoso. A fim de não ser inundada, a pessoa deve encontrar algum modo de estabelecer limites para a afluência abundante de riqueza do inconsciente, e isso, de acordo com o mito, só pode ser feito pelos deuses. Os deuses representam essa quantidade de poder que uma pessoa já granjeou do inconsciente, pois a inundação não é suscetível à razão, nem mesmo à compreensão intelectual, e certamente não é obediente à força de vontade. Se uma pessoa ainda não subjugou e disciplinou as pulsões instintivas o bastante para essa tarefa, então está propensa a ser inundada, submersa ou talvez inflacionada pela própria abundância da riqueza do inconsciente. Quando isso ocorre, a pessoa se torna impotente e vulnerável. Assim, quando o inconsciente é ativado, quando as águas começam a subir, deveríamos olhar para os diques e então salvaguardar nossa pequenez humana.

Jung, falando da necessidade de uma pessoa se relacionar com o infinito, alerta:

> O sentimento do infinito... pode ser obtido somente se estivermos vinculados ao extremo. A maior limitação para os humanos é o "si-mesmo"; é manifestado na experiência: "Sou *somente* isso!" Somente a consciência de nosso estreito confinamento no si-mesmo forma o vínculo ao ilimitado do inconsciente... Ao sabermos que somos únicos em nossa combinação pessoal – ou seja, ao fim e ao cabo, ilimitados –, possuímos também a capacidade de nos tornar conscientes do infinito. Mas somente aí! (MDR, p. 325)

De outro modo, as águas do dilúvio podem nos inundar.

Quando os babilônios reencenavam esse mito no Ano-novo, faziam o povo recordar a necessidade de limitar ou controlar o funcionamento de Tiamat e Apsu. Isso evocava neles a vontade de fazer como o herói antigo fizera, e assim conquistar sua liberdade. E, de um modo similar, em momentos em que o inconsciente ameaça nos subjugar, mitos e lendas, especialmente de nossas raízes religiosas, podem evocar o símbolo útil que pode estabelecer limites para as inundações invasoras.

De fato, as águas do inconsciente podem ameaçar inundar-nos, mas ousamos interrompê-las totalmente, pois sem seu fluxo nutridor a vida se torna árida, e perecemos. Os babilônios usavam um hino, antigo mesmo em sua época, como uma prece ao rio, que é aqui saudado como uma deusa.

> Tu, Rio, criador de todas as coisas,
> Quando os grandes deuses te cavaram, em tua margem colocaram Misericórdia;
> Dentro de ti, Ea, rei do Apsu, construiu sua morada.
> Deram-te a Inundação, a inigualável.

> Fogo, fúria, esplendor e terror,
> Ea e Marduc te deram.
> Tu, julgaste o juízo dos humanos.
> Ó, grande Rio, famoso Rio, Rio dos santuários.
> Tuas águas são liberadas: recebe de mim minha prece
> (Langdon, 1931, p. 105).

Nessa prece, considera-se que a deidade do rio tem o poder da inundação, da fúria, do esplendor e do terror. Então, o poema acrescenta que o rio julga a humanidade. É claro, isso é objetivamente verdadeiro. Construímos nossos diques e o rio os julga, mostrando se são bem-construídos ou se são trabalho humano inferior. Similarmente, construímos nossos diques psicológicos e o ego-casa consciente, que são então testados pelo rio do inconsciente. O rio mostra se a estrutura é capaz de resistir ao massacre do enfurecido Apsu. Do mesmo modo, quando, por exemplo, as formas convencionais da sociedade se rompem, uma pessoa pode permanecer firme em si, a salvo da desintegração? Esse é o teste pelo rio; o teste da força da realidade é sempre parte da provação. É um teste que muitas pessoas têm de experienciar, não somente em campos de concentração e em cidades arruinadas pela guerra, mas também sempre que costumes morais e convenções passam por mudanças mais ou menos drásticas.

Todavia, o hino continua, "Ó, grande Rio, tuas águas são liberadas", e termina com a petição, "recebe de mim minha prece". Aparentemente, mesmo naqueles dias distantes, esse mesmo problema moderno já estava presente. Nossa casa se tornou uma prisão, como nossa consciência muito racional se tornou hoje, e necessitávamos, então, como agora, da liberação que somente as águas do grande rio poderiam conceder.

Após essa introdução e prece apotropaica, o poema prossegue com a narrativa de acontecimentos primais. No começo, de acordo com Berosus em sua *History of Babylonia*, "nada existia, senão trevas e um abismo de águas" (apud Smith, 1931, p. 11)[7]. Um poema sumério, do qual grande parte se perdeu, descreve o que aconteceu então:

> Em um dia da Antiguidade, quando criaram céu e terra,
> Em uma noite da Antiguidade, quando criaram céu e terra
> (Langdon, 1931, p. 289).

As linhas de abertura de nosso texto tentam transmitir uma cena similar do nada a partir do qual o mundo foi criado:

> Quando no alto os céus não tinham nome...

– implicando que nada existia antes que os deuses concebessem sua forma e lhe dessem um nome. Então, Apsu, o mar de água fresca do subterrâneo, o engendrador primeiro de todas as coisas, uniu-se a Tiamat, o mar salgado, "Portador de tudo".

É interessante ver como os babilônios originaram tudo não de um único ente supremo do qual os pares surgiram, como muitas das grandes religiões fazem, mas de um par oposto na natureza – um, masculino, o outro, feminino. Apsu, a água fresca, era o princípio masculino e a água da vida, essencial a todos os entes vivos. Ele é geralmente representado na arte babilônica como um pote transbordando, descendo do céu, muitas vezes nas mãos de um anjo. Mas Tiamat, a água salgada, era a originadora da vida, cuja salinidade correspondia aos fluidos de todas as criaturas. Seu sangue, suas lágrimas e as águas do

---

7. Berosus foi um sacerdote de Bel Marduc, ou seja, o Senhor Marduc, na Babilônia, por volta de 280 a.C.

útero, liberados no nascimento, são todos salgados e vêm de Tiamat, mãe de todos os deuses e demônios, e de toda a vida.

Embora esses dois entes primais tenham diferentes funções, ainda eram semelhantes por serem ambos de natureza aquosa – ambos caóticos e escuros –, cada um odiando ser perturbado, especialmente por um novo princípio que pudesse impor ordem e, com isso, limitar sua liberdade irrestrita.

Tiamat provavelmente representava o estado primal que é descrito no Gênesis como sendo vazio e sem forma. No muito posterior Mistérios Caldeus, fala-se desse estado primal simplesmente como o Abismo, ou as Profundezas. Tiamat é representada como um dragão (Figura 1), ou como uma serpente monstruosamente chifruda. Apsu não é personificada na arte babilônica, mas é representada pelo vaso de água transbordando (Figura 2), como mencionado acima. Apsu e Tiamat, portanto, eram o caos aquoso original que é hoje chamado o inconsciente coletivo, que é ele próprio a fonte e origem de toda a vida psíquica. Com esses dois originais, disseram-nos, havia outro, Mummu, seu camareiro ou mensageiro. Os babilônios dizem que *mummu* significava "a palavra" ou "a enunciação", e Langdon a traduz como "inteligência" ou "efetividade" (Langdon, 1931, p. 290). Assim, Mummu corresponde aproximadamente a Logos.

Já provavelmente desde 2000 a.C., o vazio que corresponde ao que chamaríamos o inconsciente coletivo foi concebido como separado em duas partes, opostas, duas criaturas ou potências que possuíam um tipo de consciência, que havia surgido, talvez, apenas porque o vazio já tinha sido separado em opostos. Ao menos, disseram-nos que eram acompanhadas por uma inteligência, uma palavra, chamada Mummu. Essa situação nos lembra de como Jung, em sua *Resposta a Jó*, repetidamente indica que Javé tinha uma inteligência, concebida como uma pessoa separada dentro da deidade, mas que repetidamente falhou em discutir com essa inteligência, que poderia ter-lhe informado sobre certas coisas que estava negligenciando (OC 11/2, § 560).

Figura 1. Tiamat, representada como um dragão (Smith, 1931)

Figura 2. Apsu, representado por um vaso de água transbordando (Langdon, 1931)

No caso de Apsu e Tiamat, essa inteligência funcionava como um comando, emergindo das profundezas do abismo desconhecido e incognoscível, que enunciou o modo como as coisas *tinham de ser*. Foi a enunciação criativa de um deus que traz à existência o que quer que seja enunciado. O mito da criação no Gênesis começa do mesmo modo, com apenas um comando enunciado: "Deus disse: Faça-se a luz; e a luz se fez" (1,3).

É interessante encontrar essa concepção de uma inteligência no abismo caótico. Ela corresponde à insistência de Jung segundo a qual sonhos têm significado e mostram um tipo de consciência no inconsciente. É como se houvesse centelhas de luz na escuridão. Essas são os assim chamados olhos de peixe brilhando no oceano que Jung equipara às imagens arquetípicas em sonhos. Ele cita Hipólito, que declara que a escuridão sustentava "o brilho e a centelha de luz aprisionados", e que essa "centelha muito pequena" estava muito bem misturada nas águas escuras abaixo (OC 9/2, § 344).

Mummu é essa consciência inconsciente. Ele parece estar mais diretamente conectado com Apsu do que com Tiamat, pois Apsu é o princípio masculino que inclui consciência e pensamento. Ele é a parte ativa do caos primal, enquanto Tiamat, sua esposa, é a portadora da vida, mas não possui essa centelha de luz, pois ela é a escuridão abismal e a emocionalidade instintiva. Contudo, é ela que possui o Tablete dos Destinos. Em outras palavras, o "destino" está nas mãos de fatores emocionais que são considerados primitivos – não estão sob o controle e a orientação de forças racionais e intelectuais. Esse é um *insight* encontrado ao longo das eras. Pois os Destinos, que fiam e tecem a teia entremeada da vida, são sempre mulheres. As nornas do mito nórdico e a Mulher Tecelã da mitologia navajo são exemplos, e há muitas outras.

Na Babilônia, o Tablete dos Destinos foi concebido como um tipo de amuleto, usado em volta do pescoço. Nele estavam inscritos os destinos de todos os entes vivos, incluindo os deuses. Ele também explicava as runas de todos os eventos. Originalmente, pertenceu a Tiamat, a potência-mãe, mas ao longo de nossa história passou para outras mãos, com consequências fatais para a humanidade, pois o poder de determinar os destinos pertencia a quem quer que usasse o Tablete. Essa pessoa se tornava, em um sentido, uma tirana absoluta, com um poder muito maior do que qualquer outro governante terreno.

Esse Tablete desempenha um papel importante na história da luta do herói para conquistar sua liberdade em relação ao poder absoluto de Apsu e Tiamat, e dos deuses posteriores. O problema todo do destino e do livre-arbítrio está associado à luta para possuir o Tablete, uma luta que terminou sendo resolvida, na Babilônia, em uma base religiosa. Quando Apsu foi morto, seu poder foi dividido entre os deuses mais jovens. Seu nome foi dado ao templo e santuário de Ea, Senhor das Águas, e Apsu, como uma deidade, desapareceu da cena. Mas Tiamat não pôde ser tão facilmente descartada. A resolução do problema da parte emocional da psique que ela representa necessitava de uma atitude religiosa e de um ritual que, em nosso mito, era acompanhado por sacrifícios, como usualmente ocorre. No mito babilônico, é dada a razão pela qual isso é assim. O destino humano depende da possessão do Tablete dos Destinos. Não podemos influenciar nosso destino, nem o controlar pelo livre-arbítrio, a menos que paguemos tributo ao poder que ainda possui o Tablete. Em linguagem prática, contanto que não tenhamos atitude religiosa com relação às emoções apaixonadas que brotam em nós, entregamos nosso destino àquele déspota cego que os babilônios chamavam Tiamat.

A luta contra Apsu e Tiamat, os monstros do caos, foi travada para libertar o mundo do governo arbitrário do inconsciente, e de instituir uma nova ordem. Essa luta foi iniciada pelos primeiros deuses, que eram as crianças do par primal, e executada pelos deuses mais jovens. E, por fim, os heróis, precursores de nosso potencial heroico tiveram a responsabilidade de completar a tarefa que fora começada pelos deuses. Ou seja, a luta contra o destino arbitrário foi executada somente pelas reações instintivas provenientes do inconsciente, simbolizada pelos deuses. Mas, quando esse ordenamento instintivo encontra o domínio emocional, somente um herói – um elemento heroico nos próprios humanos, tendo consciência e a habilidade de planejar uma campanha – pode ter qualquer chance de sucesso.

Esse mitologema corresponde ao desenvolvimento da consciência no ente humano. Nos primeiros estágios da aurora da consciência, o bebê é controlado por forças primais, representadas pelos pais poderosos. Nesse estágio, a pessoa ainda é inconsciente do que está fazendo e por quê, pois o ego-complexo ainda não emergiu na consciência e as reações da pessoa são puramente instintivas. É somente muito depois, quando a autoconsciência emerge como "eu", que é possível iniciar a luta do herói, com a pessoa projetando o queixo e cerrando o punho, e dizendo: "Não vou!" – talvez, contra alguma regra que, até então, fora aceita como inalterável.

Essa rebelião prossegue ao longo da infância e da adolescência, com crescentes *insights* e poder de adaptação, até os 20 ou 25 anos, quando uma pessoa jovem se torna adulta, pronta para assumir responsabilidades adultas e autodeterminação. Mas essa vitória externa em relação aos pais pessoais não implica, necessária ou mesmo usualmente, libertação dos pais arquetípicos. Para tanto, para se conquistar a liberdade genuína, é necessário mais desenvolvimento.

É por isso que algumas pessoas assumem a tarefa interna, subjetiva, do herói – ou seja, libertar a consciência da dominação das forças inconscientes. Durante a luta, como conta o mito babilônico, o Tablete, sendo sempre o primeiro prêmio da vitória, passava de uma pessoa a outra. Quando um dos demônios o possuía, todos os destinos eram decretados por ele – ou seja, a humanidade sofria um mau destino, e todos eram compelidos pelas forças inconscientes a fazerem o mal, mesmo que na consciência pudessem intencionar o bem. Do mesmo modo, quando todos queriam paz, um destino mau os levava à guerra. Por outro lado, quando um herói-deus garantia o Tablete, por sua vez determinava o curso dos eventos.

Na época em que nosso poema oi escrito, o Tablete se tornara parte do tesouro sagrado do templo, e a cada ano todos os deuses do panteão sentavam em conclave solene e determinavam os destinos para o ano seguinte; ou seja, o destino do mundo era determinado por um parlamento de deuses – a humanidade, é claro, não era consultada! Os destinos se tornavam conhecidos pelo elenco de horóscopos, pois os deuses estavam associados às constelações e estrelas, que eram consideradas suas moradas. Até hoje, os planetas e constelações são chamados pelos nomes de deuses e heróis. Um tablete, que trata desse tema, dizia: "Somente as estrelas não mudam eternamente; elas determinam dia e noite e indicam exatamente as épocas das festividades" (Langdon, 1931, p. 314). Todavia – e esse é um dos raros lugares na literatura cuneiforme em que a liberdade da vontade humana é de fato aludida –, foi decretado que os humanos deveriam ter algum poder para fazer seus planos:

"o habilidoso para o habilidoso, o tolo para o tolo" (Langdon, 1931, p. 314).

Um reconhecimento similar da liberdade e autonomia humanas relativas diante das leis imutáveis do destino é ensinado no *I Ching*, um texto chinês que data aproximadamente do mesmo período que nosso mito. Os comentários sobre os ditos oraculares são baseados nos antigos ensinamentos de sabedoria chinesa, e, com relação ao Hexagrama 15 (Modéstia), lemos:

> Os destinos humanos são sujeitos a leis imutáveis que devem se realizar. Mas os humanos têm o poder de moldar seu destino, conforme seu comportamento os expõe à influência de forças benevolentes ou destrutivas (Wilhelm, 1974, p. 64).

Isso corresponde ao ensinamento do mito babilônico segundo o qual a humanidade deve estudar a situação e disposição dos deuses religiosamente e ser guiada de acordo com suas indicações. Pois é somente com atenção cuidadosa que podemos aprender a nos adaptar aos tempos de modo a cooperar com as forças divinas e evitar desastres. Na Babilônia antiga, isso era feito por um elenco de horóscopos a fim de determinar a posição e disposição dos deuses. No presente, também devemos observar com cuidado escrupuloso as indicações que vêm do inconsciente. O Tablete dos Destinos é-nos trazido, como para os antigos, por forças e poderes invisíveis – os *fatores*, os *executores* – que agem por trás das cenas e determinam nosso destino sem nosso conhecimento. Se prestarmos atenção às intimações do inconsciente, podemos aprender como nos adaptar à situação psíquica que se desdobra no inconsciente, prenunciando eventos futuros.

No caso da pessoa, sonhos também podem dar uma indicação das tendências inconscientes, enquanto em uma escala mais ampla mitologemas indicam o padrão no qual eventos se desdobraram no passado. E, assim, quando um padrão arquetípico é constelado e se torna ativo, seja na pessoa ou em um povo, o mito relacionado pode dar uma indicação do modo como eventos ocorrerão.

Os mitologemas representam os padrões arquetípicos que subjazem ao desenvolvimento da história, mas também subjazem ao desenvolvimento da consciência humana em sua forma particular em cada pessoa. Nosso interesse principal nas histórias antigas e mitos cosmogônicos provém do fato de que, embora apresentem descrições lendárias sobre o começo do mundo, também são registros da evolução gradual da consciência humana. Eles contêm, por assim dizer, a história da experiência humana em relação à vida com todos os seus problemas e suas realizações, sejam internos ou externos. As experiências antigas da raça humana deixaram impressões nas capacidades das pessoas – padrões inatos de comportamento que chamamos instintos. Além disso, há padrões de funcionamento na psique que se expressam em imagens e são registrados em muitas formas de história.

Esses padrões inatos, ou arquétipos, são, com certeza, inacessíveis à consciência, mas suas *imagens* são prontamente observadas e, na verdade, subjazem a nossos sonhos, fantasias e compreensão de outras pessoas, bem como da própria vida. Os motivos de lendas, mitos e contos de fadas também correspondem a padrões arquetípicos, de modo que, quando estudamos um mito, por exemplo, estamos ao mesmo tempo observando como a humanidade lidou com o inconsciente, no qual estávamos originalmente inseridos, e como, por meio de coragem, consciência e iniciativa crescentes, conquistamos a liberdade para nos tornarmos pessoas.

As palavras iniciais do mito babilônico relatam que o caos do começo incriado já havia sido dividido em opostos e assumido a forma de duas potências, Apsu e Tiamat. Em termos psicológicos, esses dois entes originais são as imagens arquetípicas primárias do inconsciente coletivo. Quando nossa história inicia, havia apenas dois entes que já haviam começado a existir. Assim, parece que Apsu e Tiamat foram separados um do outro no começo, e somente mais tarde misturaram suas águas. Essa mistura foi o começo de uma mudança. Em um sentido, foi o começo da história. A mistura de suas águas é como um casamento dos opostos primais que resulta no nascimento de uma nova ordem e pode, talvez, ser equiparado à lenda gnóstica do casamento entre Nous e Physis – espírito e matéria.

O poema descreve esse primeiro passo na criação do seguinte modo:

> Quando os céus acima ainda não tinham nome,
> E nenhuma habitação abaixo tinha um nome,
> Apsu, o mais antigo dos entes, seu progenitor,
> Mummu, Tiamat, que deu à luz cada um e todos eles –
> Misturaram suas águas em uma massa única.
> Nenhum terraço firme fora construído, nenhum pântano havia sido buscado,
> Quando nenhum dos deuses fora trazido à existência,
> Nenhum nome havia sido registrado, nenhum destino havia sido determinado,
> Os deuses passaram a existir com eles.
> [...] eles foram nomeados (Smith, 1931, p. 34).

Disseram-nos que Apsu era o ente mais antigo, o progenitor dos deuses, enquanto Tiamat era feminina, a mãe que deu à luz todos. Mas, até o momento, nada havia sido nomeado – nem mesmo os céus. Então, os deuses vieram à existência, nos primeiros pais, e foram nomeados.

A ênfase em dar nomes é importante, pois o nome de um objeto, no pensamento primitivo, *é* o próprio objeto, ou seu fantasma, seu espírito. Acreditava-se inclusive que nada poderia existir exceto por seu nome, enquanto saber o nome dava um poder mágico sobre o objeto. Muitos papiros antigos consistem em listas de nomes, cujo conhecimento transmitiria poder – o poder de invocar uma deidade e, assim, comandar sua assistência. Similarmente, uma pessoa que fosse mágica detinha poder sobre o gênio em virtude de saber seu nome. Por essa razão, o nome de iniciação de um homem – ou seja, seu nome real, individual – era frequentemente mantido em segredo por medo de que alguma pessoa mal-intencionada pudesse usá-lo para compelir obediência ou infligir dano. Em um certo sentido, o nome *é* a pessoa. Essa mesma ideia primitiva corresponde a uma verdade psicológica e se encaixa em uma teoria filosófica, ou seja, a de que um objeto ou ato só existe para uma pessoa se ela pode nomeá-lo, ou seja, se é consciente de sua natureza. Também explica a frustração que muitas vezes sentimos quando não podemos lembrar o nome de algo. É como se tivéssemos perdido nossa relação com ele e consequentemente estivéssemos impotentes diante dele. Assim, o primeiro passo na consciência e na conquista do poder no mundo é a nomeação de coisas.

Você recordará que o primeiro ato registrado de Adão e Eva foi nomear os animais; um feito do qual os animais eram incapazes. No desenvolvimento das crianças, o aprendizado de nomes é um primeiro passo óbvio para a consciência e um sentido de competência. Como adultos, se não dermos nomes às coisas, não podemos lembrar delas ou relacioná-las a outros objetos já conhecidos. Isso também vale para qualquer nova observação. Por exemplo, fenômenos parapsicológicos e sincrônicos presumivelmente sempre ocorreram, mas, do ponto de vista científico, não eram respeitáveis; eram descartados como fantasias, se não trapaça efetiva. Somente quando Rhine e depois Jung lhe deram um nome, os cientistas se dispuseram a investigá-los.

Assim, aqui, o poema está implicando tacitamente que o caos, ou o inconsciente, continuou completamente no controle do universo até que o poder de nomear surgisse. Na lenda babilônica, isso foi o trabalho de Mummu, a Palavra inteligente, na verdade, Logos. Ele é mencionado aqui, mas sua atividade é encoberta. Seu nome emerge apenas junto de Apsu e Tiamat.

Até esse ponto no mito, os primeiros entes haviam sido considerados abismo de águas, mas agora estavam nomeados, recebendo, por assim dizer, nomes pessoais. Imediatamente após lermos uma história de seus feitos, como se tivessem uma biografia, tornam-se personalizados. Isso é exatamente o que ocorre na imaginação ativa quando entramos num diálogo com uma disposição ou outra parte inconsciente da psique. Nós a personificamos, damos-lhe um nome, ou, mais provavelmente, ela nos diz seu nome. Então, a história mítica começa a se desenvolver, com o resultado de que a consciência é ampliada pela inclusão de uma parte previamente desconhecida da psique.

No mito, o processo de criação prossegue tempos sem conta, durante os quais o par primário dá à luz os deuses. Finalmente, os três deuses emergem: Anu, Enli e Ea, a grande trindade do panteão assírio. Anu era o deus do céu supremo.

O pão e a água da vida eterna e a planta do nascimento ou da imortalidade estavam em sua posse. O mundo intermediário era a morada de Enlil, o deus terreno. Ele era o Senhor dos Ventos, que, acreditava-se, residiam em uma caverna. O mundo inferior, o lugar das águas, era a esfera de Ea, uma deidade aquosa. Mas tarde, superou Apsu, o Abismo de Água Doce, e construiu seu santuário sobre Apsu. Ea foi o criador da *forma* da humanidade.

Tão logo esses três deuses foram criados, e outros, não mencionados pelo nome, vieram à existência, formaram a confraternidade dos deuses da luz e começaram a delinear seus caminhos. Em outras palavras, começaram a criar ordem a partir do caos. Como os deuses também eram associados às estrelas, seus "caminhos" eram representados pelo curso dos planetas nos céus, e os domínios sobre os quais governavam eram sem dúvida considerados lugares efetivos no céu, correspondendo ao céu, terra e mundo subterrâneo aquoso. Mas, gradualmente, o Caminho dos Deuses passou a ter uma importância espiritual ou psicológica também. Na época em que chegamos aos Oráculos Caldeus ou Mistérios, as esferas dos deuses significavam praticamente o que entendemos agora como o significado astrológico dos planetas e das casas zodiacais; ou seja, representam poderes psicológicos que têm um efeito fatídico.

Essa atividade de ordenamento dos deuses prosseguiu por algum tempo. Houve uma boa quantidade de discussões, talvez também de dissensões, entre eles, na delimitação de seus caminhos. Tiveram dificuldade de estabelecer sua nova ordem em regiões que antes haviam pertencido ao caos de Apsu e Tiamat. Isso é bastante compreensível. Nós também sabemos que conflito e confusão podem originar, que tumulto pode ser criado no inconsciente profundo quando, por meio de um aumento da consciência, buscamos estabelecer ordem nesse grande e inexplorado domínio que, para nós, é o inconsciente coletivo. Para os babilônios, esse domínio também era o grande desconhecido, o abismo incognoscível de águas, vasto como os céus acima deles e tão indomável quanto as profundezas abaixo.

A história continua:

> A confraternidade dos deuses foi estabelecida.
> Eles perturbaram Tiamat...
> Na verdade, agitaram a barriga de Tiamat,
> Com a canção no meio da morada divina[8].

Aparentemente, eles buscavam criar ordem, através do canto. Talvez, também, usassem o canto para controlar o inconsciente e os demônios da desordem, como Davi exorcizou a loucura de Saul com a música (1Sm 16,17-23). Música e ritmo produzem ordem. Assim, por exemplo, uma batida de tambor é um ato instintivo de ordenamento que marca o tempo, como uma limitação à atemporalidade, o caos da mera existência. Mas Tiamat, incorporação da emoção apaixonada, não queria ser submetida ao controle da ordem. O texto nos diz que os cantos dos deuses agitaram sua barriga. Mas os deuses continuaram a cantar, e, embora seu canto fosse como música para seus ouvidos, provocava uma impressão muito diferente no par indomável e caótico:

> Apsu (o abismo aquoso) não podia diminuir sua briga
> E Tiamat estava silente...
> Seus feitos a desagradavam...
> Seu caminho não era bom...

---
8. Para essa e as passagens subsequentes da lenda babilônica, cf. Smith (1931, p. 36).

Ou seja, seu caminho não era bom aos olhos de Tiamat, pois, obviamente, se os deuses pudessem estabelecer uma nova ordem, ela e Apsu perceberiam seu reino diminuído pela extensão que os deuses levaram para o novo regime. Eles seriam prejudicados.

> Na época em que Apsu, o progenitor dos grandes deuses,
> Gritou e convocou Mummu, o mordomo de sua casa,
> dizendo:
> "[...] Vem, vamos a Tiamat".
> Eles foram, eles se deitaram (em um sofá) diante de Tiamat.
> Eles se aconselharam sobre os deuses (seus filhos).
> Apsu tomou a palavra e disse,
> A Tiamat, a sagrada...
> "Seu 'caminho' foi vexatório para mim.
> De dia, não encontro paz, de noite não tenho descanso.
> Verdadeiramente, darei um fim a eles. Farei com que seu 'caminho' seja disperso.
> Que o silêncio lá seja estabelecido; veja, então descansaremos".
> Tiamat ao ouvir isso
> Ficou agitada de ódio e gritou ao seu esposo,
> [porque ele propôs matar os deuses, seus filhos]
> Ela chorou seriamente, enfureceu-se sozinha,
> Seus sentimentos foram ultrajados.
> "O quê? Devemos destruir o que criamos?
> Que seu 'caminho' se torne difícil, mas vamos prosseguir em benevolência."

Aqui, um toque agradável do "jeito" feminino: nós os frustraremos, mas o faremos com benevolência!

Aparentemente, Apsu se sentiu frustrado por esse conselho feminino, pois, em seguida, ele se aconselhou com seu "modo" masculino – Mummu, a Palavra:

Mummu respondeu e deu conselho a Apsu.
O conselho de Mummu foi... desfavorável (aos deuses).

Ele fala sobre seu caminho difícil. Agora, não é mais o caminho dificultador. Assim, a sofística da lógica masculina lança descrédito no oponente, pois, se o caminho é "difícil", deve, obviamente, ser abolido.

Mummu prossegue:

> "Pai, destrói o 'caminho' difícil'.
> Então, verdadeiramente, de dia encontrarás paz, (e) de noite, repousarás".
> Apsu o ouviu, sua face resplandeceu,
> Porque estava conspirando contra os deuses, seus filhos.
> Mummu abraçou seu pescoço,
> Sentou em seu colo, ele o beijou.

Evidentemente, Apsu ficou muito contente consigo. Ele havia consultado Mummu, e encontrou uma justificação impessoal para o que queria fazer: "o caminho é difícil". Enquanto isso, tratou Mummu quase como um espírito familiar. Aconselhou-se com ele e o abraçou, acolhendo-o em seu colo, e o beijou. Essa imagem do deus com seu espírito familiar é muito comum. Lembra uma frase do dialeto inglês: "sentar próximo a seus *mommets*" ou "estar perto de seus *mommets*". Um *mommet* é um fantoche ou boneco, e a frase significa se afastar com seu boneco invisível, seu *alter ego*, e deliberar sobre a situação – um remanescente tênue da ideia de se aconselhar com sua inteligência.

Na verdade, um espírito familiar assim é parte da psique, mas, como ainda não é consciente, funciona autonomamente. Desse modo, Apsu, aconselhou-se com Mummu, sua inteligência, pois, em tempos arcaicos, o pensamento ainda não era uma função consciente, sendo personificado e projetado, em vez disso, como uma personalidade parcial autônoma. Na imaginação ativa, tentamos nos relacionar a partes assim cindidas de nossas psiques, trazendo-as, desse modo, à consciência. Pois se permanecem inconscientes e se não prestamos atenção a elas, nossas decisões serão parciais – carecerão de equilíbrio e não se sustentarão quando confrontadas pelas dificuldades que a realidade apresenta.

E, agora, o texto nos fala sobre o problema que seguiu esse encontro de Apsu com Mummu, pois a notícia sobre ela se espalha e, continua o texto,

> O que quer que tenham planejado na assembleia
> Foi repetido aos deuses, seus filhos mais velhos.
> Os deuses, quando ouviram, ficaram vagando...
> Ficaram em silêncio, sentaram imóveis.

Os deuses ficaram, obviamente, muito perturbados pelo plano de Apsu de destruí-los, pois o texto nos fala que Ea, o senhor do mundo subterrâneo das águas, que era um deus prudente e dotado de compreensão, buscou a fraqueza de Apsu e Mummu e criou uma "forma" ou imagem deles e a instituiu. Então, como diz o texto:

> Ele inventou para ela um encantamento excessivamente sagrado,
> Repetiu-a, e a aplicou (a "forma") na água,
> Colocou-a para dormir: ela estava deitada em um canto.

Isso, é claro, é uma prática mágica comum. Ea fez uma efígie de Apsu e Mummu, um procedimento mágico que era inclusive mais forte que invocar seus nomes. Então, ele recitou um encantamento sobre ela, de modo que aqueles a quem representava – Apsu e Mummu – dormiriam e seriam impotentes em suas mãos. De um modo similar, um médico vodu cria uma imagem de seu inimigo em cera, depois derrete a cera de modo que o inimigo "enfraqueça". Em uma prática psicológica, criar uma imagem seria equivalente a criar uma imagem clara do poder, ou de influência interna, ou seja, confrontar a atitude de alguém, por exemplo, por meditação, reflexão ou desenho. Esses são modos de nomear esse aspecto do inconsciente que está perturbando a saúde mental de alguém. Torna-se real, quase concreto, de modo que a pessoa saiba exatamente o que clama por atenção.

A inteligência de Ea é mostrada na invenção dessa peça de magia, e em sua habilidade de criar um encantamento suficientemente sagrado ou "numinoso" para encantar o primeiro grande deus. Por mais difícil que parecesse essa tarefa, ele foi aparentemente bem-sucedido, pois o texto continua:

> (Assim) ele fez com que Apsu se deitasse, e colocou-o para dormir.
> [Apsu agiu exatamente como a imagem havia agido.]
> As partes masculinas de Mummu foram amputadas em um redemoinho.
> [Talvez um redemoinho de água.]

O primeiro ato de Ea foi mutilar a inteligência do deus ou torná-lo impotente.

> Ele (Ea) afrouxou suas (de Mummu) articulações, arrancou seu chapéu,
> Removeu sua luz, tornou sua vida miserável.
> Ele o subjugou, e matou Apsu,
> Ele imobilizou Mummu e esmagou se crânio.

É interessante observar que, embora a batalha fosse contra Apsu e, de fato, ele foi morto no combate, ainda assim o ataque efetivo é contra Mummu. É ele que é castrado, que perde seu poder, tem as articulações afrouxadas, o que pode significar, talvez, que as ideias de Apsu não mais estivessem bem-articuladas ou consecutivas. Então, seu chapéu foi arrancado, ou seja, a cobertura de sua cabeça, símbolo de sua dignidade e autocontrole, foi-lhe retirada, e sua "luz", removida, o que provavelmente significa que seus olhos tenham sido retirados de modo que sua inteligência foi obscurecida. Com isso, foi completamente subjugado. Aparentemente essa conquista de Mummu tornou Apsu inteiramente impotente, pois aqui é dito que Ea matou Apsu nesse momento, sem luta. Mummu, contudo, não foi morto. Foi imobilizado, e seu crânio foi esmagado, o que certamente teria destruído um ente inferior, mas Mummu sobreviveu para ser escravizado por Ea.

A história, até aqui, contou como, ao longo de eras intermináveis, os deuses passaram a existir e começaram a estabelecer ordem no caos. Mas a nova ordem que buscaram criar perturbou os deuses antigos. Em particular, seu clamor perturbou Apsu. Se traduzirmos isso em termos psicológicos, significaria que o que era a condição natural, o funcionamento inconsciente da vida, foi perturbado pela emergência da consciência, com a necessidade de ordenar coisas em relação a um ego, um ponto definido na confusão das águas. Ou, para expressar isso de um modo um pouco diferente, os deuses nomeados, personificações da capacidade humana semelhante à divina para a consciência, tentaram ordenar o caos. Eles foram incapazes de fazê-lo porque forças que ainda determinavam os destinos eram muito fortes.

Correspondentemente, a humanidade tenta ordenar o caos do mundo externo, e o inconsciente caótico interno, pelas funções conscientes, esquecendo-se de que os poderes do inconsciente determinam nosso destino, até que os dragões do inconsciente tenham sido subjugados por uma luta verdadeiramente heroica. Mas, enquanto os deuses lutavam para estabelecer caminhos de ordem, o caos (o inconsciente) foi perturbado – especialmente pela fala dos deuses, que estabeleceram conselhos, leis e convenções. Pois, se os deuses jovens pudessem aprender a trabalhar juntos, os poderes dos antigos deuses caóticos estariam em um perigo muito maior.

O poder ordenador da fala – ou seja, do entendimento – desempenha um papel proeminente na história bíblica da construção da Torre de Babel, onde se disse que "a terra inteira tinha uma língua e uma fala" (Gn 11,1). Essa era a situação após o dilúvio, quando os descendentes de Noé estavam começando a aumentar em número.

> E ocorreu de, quando partiram em direção ao leste, encontrarem uma planície na terra de Sinar, e ali permaneceram.
> E disserem entre si, venham, vamos fazer tijolos, e assá-los inteiramente. E tijolos lhes serviram de pedras, e lama por argamassa.
> E disseram, venham, vamos construir para nós uma cidade e uma torre, cujo topo possa atingir o céu; e vamos construir para nós um nome, evitando que sejamos espalhados pela superfície da terra.
> E o Senhor desceu para ver a cidade e a torre, que os filhos dos humanos construíram.
> E o Senhor disse, vejam, o povo é um, e têm uma língua; e começaram a fazer isso: e agora nada lhes será restrito, o que quer que imaginem fazer.
> Venham, vamos descer e confundir sua língua, de modo que não possam se entender entre si.
> Assim, o Senhor os espalhou por toda a face da terra: e pararam de construir a cidade (Gn 11,22-28).

Um dos efeitos da descida do Espírito em Pentecostes foi que a multidão poliglota reunida em Jerusalém ouviu a fala de cada um dos apóstolos "em sua língua" (At 2,6). É como se, quando o Espírito passa a residir em cada pessoa, o efeito desagregador da ação de Javé é invertido. Antes da encarnação e da internalização do Espírito se tornar possível, o objetivo do Deus do Antigo Testamento era manter a humanidade fraca e dividida, por medo que pudessem usurpar suas prerrogativas. Após a missão de Cristo, o objetivo mudou para nos tornar individualmente inteiros e unidos: "Que haja um pastor e um rebanho".

Quando lida com um conflito na psique em análise, é muito importante que a pessoa seja capaz de entender o que cada parte está tentando dizer. Alguém em sério conflito é auxiliado enormemente pela clara articulação das urgências conflitantes que estão ameaçando fragmentação. Os analisandos devem tentar encontrar uma linguagem que os analistas possam entender. Uma linguagem comum cria um vínculo profundo, e se uma pessoa está muito bem-equilibrada tipologicamente (OC 6, §§ 899, 983), e foi capaz de estabelecer alguma compreensão entre os elementos conflitantes internos, a ameaça do inconsciente pode ser enfrentada com esperança muito maior de sucesso. Se a pessoa possui apenas uma boa função, o pensamento, por exemplo, suscetível de vontade consciente, as chances de sucesso são muito escassas; com duas boas funções, as chances são melhores; e, com três – que, até que a luta definitiva seja vencida, é provavelmente o máximo que a pessoa pode esperar –, pode ser de fato bem-sucedida. O primeiro prêmio da vitória será a cooperação da quarta função.

No mito, Apsu, que tentou frear o movimento adiante dos deuses, seus filhos, foi subjugado como resultado dessa primeira campanha, e de seu corpo foram feitos os lugares sagrados. Isso indica que o inconsciente, em sua forma masculina, foi, de algum modo, apreendido, capturado e contido nos conceitos e símbolos da religião. O mito descreve adiante como tudo isso foi realizado. Ea assume sua morada no santuário, que construiu sobre o corpo conquistado de Apsu, e chamou o santuário "O Apsu". Lá, em um poço sagrado, seu filho Marduc nasceu. O texto nos diz que, quando

> [...] seu pai que o criou olhou para ele,
> Seu coração se alegrou e ficou feliz, repleto de alegria.
> Ele o dotou e lhe acrescentou a dupla forma de um deus
> De modo que era excessivamente alto, excedendo um pouco todos.

Nesse ponto, o poema era aparentemente encenado no ritual, pois alguém, talvez um coro, grita: "Filho de quem? Filho de quem?" e recebe em resposta: "O filho do deus do Sol, o filho dos deuses envolto em glória luminosa, ele (ilumina) o santuário dos deuses".

E, assim, o herói, que foi destinado a levar adiante a evolução da consciência, nasceu. Seu nascimento foi aclamado por todos os deuses, nomeados e o não nomeados, como se tivessem uma premonição do papel importante que desempenharia.

3. O destino do caos materno e seu filho-esposo

Antes do nascimento de Marduc não havia menção a qualquer agência feminina, exceto pela própria Tiamat. Cada geração de deuses consistira apenas de entes masculinos. Contudo, parece que a participação de um elemento feminino foi necessária para a criação de um herói destinado a ser o precursor da consciência humana. E, assim, o texto nos conta que Marduc nasceu no poço, que tinha uma conotação feminina. É como um útero, mas isso também representava o Abismo de Apsu, de modo que Marduc, embora sendo o filho de Ea, também era, em um certo sentido, o filho de Apsu.

Figura: Marduc combatendo Tiamat (selo cilíndrico assírio)

Essa paternidade dupla corresponde à condição de nossa psique. É um tema frequentemente encontrado em mitos e contos de fadas, onde o herói é o filho de entes humanos comuns, mas também de um deus. O dogma cristão é baseado no mesmo arquétipo, pois Jesus era o filho de José, o carpinteiro, mas também o filho de Deus. Em contos de fadas, o herói é o filho de camponeses, ou, talvez, seja criado por eles, embora seus pais reais sejam muitas vezes de *status* nobre. Muitas crianças têm fantasias que correspondem a esse mito, imaginando-se abandonados enquanto seus pais verdadeiros são um rei e uma rainha. E em fantasias adultas de reencarnação, nas vidas anteriores "lembradas", as pessoas quase sempre afirmam ter sido pessoas muito importantes.

A duplicidade de pais, como Jung indica[9], é executada em nossa época pela indicação de um padrinho e uma madrinha para cada criança recebida na igreja cristã no batismo. Os padrinhos são os representantes da deidade, e é seu dever ensinar à criança sobre sua herança divina. Pois, embora sejamos os filhos de nossos pais humanos, somos também filhos de Deus. Na linguagem psicológica, diríamos que o ego é o filho do humano, ou consciente, parte da psique, enquanto o Si-mesmo é o filho da psique objetiva, que não é pessoal, mas transcendente. Pois o Si-mesmo é imanente e transcendente. Por um lado, está relacionado ao ego, e, por outro, a um aspecto não pessoal da psique de dimensões e potência desconhecidas.

Para retornar à nossa história, Ea ficou contente em ter um filho e ele o dotou de poderes extraordinários, maiores do que os que qualquer outro deus possuía. Mas, aparentemente, os deuses não apreciavam Marduc ter se tornado superior a eles e ficaram muito enciumados. Se considerarmos que Marduc representa a consciência emergente humana, isso implicaria

---

9. Cf., p. ex., o arquétipo com referência especial ao conceito de *anima* (OC 9/1, § 140) [N.E.].

que o fator psíquico recém-nascido da consciência ameaça a atividade irrestrita dos deuses, que, certamente, representam as pulsões instintivas da psique. Esse fato é muito óbvio no caso dos deuses gregos, em que Áries representa o espírito marcial; Afrodite, a sensualidade; Eros, o amor; e assim por diante.

Quando uma pessoa começa a desenvolver um sentimento do si-mesmo e a diferenciar o "eu" do "não eu", toma um pouco do poder dos deuses. O ego ameaça seu controle irrestrito. Pois o ego tem uma certa habilidade para escolher, ou, em outras palavras, o ego pode conhecer seu objetivo e tem a força de vontade para buscá-lo, e isso está além dos deuses.

Uma ilustração pode tornar isso mais claro, pois uma situação comparável ao conflito entre Marduc e os deuses pode ocorrer quando o ego emergente entra em conflito com os elementos psíquicos inconscientes. O adolescente, por exemplo, quase proverbialmente toma a liberdade de cochilar muito tempo após ser despertado pela manhã. Seu desejo inconsciente por dormir, representado pelo dragão da preguiça, não se renderá ao chamado do dever conduzido pela voz de sua mãe; e, até que esse dragão tenha sido subjugado, ele continuará satisfazendo seu desejo. Ele simplesmente não se levanta. Mas, então, é a mãe que tem o conflito, e isso em dois pontos: sua impaciência pelo fato de o menino não se levantar enquanto o café está esfriando, e sua ansiedade pelo medo que se atrase para a escola. O menino simplesmente lhe permite carregar a responsabilidade pela adaptação dele à realidade. É um problema muito difícil. Se ela continua chamando-o enquanto ele permanece teimosamente sob as cobertas, ela terminará forçando-o a obedecer, e depois ambos ficarão zangados um com o outro. Se ela o deixa dormir e assume as consequências do atraso na escola, cedo ou tarde, a escola a culpará! Certamente, a adolescência é muito tarde para esse problema ser confrontado. Deveria tê-lo sido continuamente durante a infância. Mas somente quando o jovem percebe que a obrigação de realizar sua tarefa é dele, ele começa a experienciar toda a obstinação do conflito interno. Então, ao lidar com sua preguiça, dá um passo definido na superação de sua dependência da mãe. Mas essa ação pode suscitar problema no inconsciente. O inconsciente pode simplesmente se recusar a cooperar, assim como os deuses foram definitivamente hostis com Marduc, devido a sua superioridade a eles.

Anu, o avô de Marduc, vem em seu resgate. Ele "criou os quatro ventos", o texto nos diz, com o qual dispersa os deuses inimigos. Mas essa ação teve um efeito imprevisto, pois incitou Tiamat. Em outras palavras, o inconsciente em seu aspecto feminino se enfureceu. Em linguagem psicológica, o aspecto mais arcaico da *anima* foi incitado e criou uma confusão.

O efeito dessa situação na vida real seria algo assim: quando nosso jovem tenta assumir a responsabilidade de ir à escola, ou mais tarde ao trabalho, encontra-se afligido por todos os argumentos da *anima* – essa antiga mulher que não quer ser conscientemente responsável. Esses argumentos se expressam em racionalizações, como a de que não faz mal algum ficar "apenas mais cinco minutos". O menino talvez tente lidar com esse impulso regressivo pela razão, ou convocando seu prestígio, ou por sua força de vontade, ou pelo medo de punição; ou seja, tentando de um modo masculino proteger sua tentativa heroica de ser minado por sua preguiça autoerótica. Mas quando essa abordagem do ego consciente parece ser bem-sucedida e ele realmente tem de sair para o frio, uma reação emocional é usualmente instigada. Algo nele simplesmente não coopera. Talvez ele fique zangado com a obrigação de se conformar, ou ressentido e amuado porque tem de se levantar quando algum outro colega pode permanecer na cama. Ele terminará se levantando, mas, nesse momento, está com tanta raiva que suas roupas todas o frustram e chega tarde para o café e de mau humor. Esse é o tipo de coisa que é representada quando Tiamat é perturbada. É um exemplo muito menor desse problema. Em problemas maiores a perturbação pode ser correspondentemente magnificada.

"Tiamat foi instigada... dia e noite", o texto nos diz. Aqui, há uma lacuna no texto, mas, presumivelmente, ela fez muitas reclamações em voz alta. Em outra ocasião, quando foi perturbada pelo caminho dos deuses, gritou alto, e, com isso, podemos supor que não fosse menos irrestrita agora. Pois o texto relata que os deuses de seu séquito suportaram seu tumulto com sofrimento, até que não puderam mais suportar, e então "suas barrigas planejaram o mal". Seus pensamentos não estavam em suas cabeças, mas em suas barrigas, a sede da paixão inconsciente. Até hoje, muitos povos primitivos não colocam a sede do pensamento na cabeça. Alguns a colocam no abdômen, outros no peito. É um desenvolvimento posterior pensar com a cabeça. Mesmo em tempos atuais, uma situação emocional que deveríamos considerar cuidadosamente pode ficar tão fora do controle que a perturbação em nosso estômago pode nos fazer dizer palavras acaloradas que não tínhamos intencionado.

Ora, Tiamat não havia participado na luta com Ea, embora fosse basicamente devido à sua perturbação que Apsu interferiu com os deuses e os novos "caminhos" que queriam estabelecer.

E, assim, os deuses não nomeados, servos das primeiras grandes potências, foram a Tiamat e a reprovaram por sua atitude, dizendo,

> Quando mataram Apsu, teu esposo,
> Tu não estavas marchando ao seu lado, mas sentaste chorando.

Essa lembrança instigou tanto Tiamat que ela decidiu travar uma guerra contra os deuses da luz que formavam o séquito de Anu, cujos ventos haviam perturbado sua paz.

Quando Apsu, a potência masculina, foi perturbado pelos caminhos dos deuses, não adotou ação direta contra eles, mas se contentou com conversações e planos. Quando esses planos chegaram aos ouvidos dos deuses, eles agiram e o mataram, antes que fizesse qualquer movimento, enquanto ainda estava se aconselhando com Mummu, sua inteligência.

Tiamat, sendo mulher, não perdeu tempo com palavras. Fez as coisas andarem de uma vez. Primeiro, criou alguns demônios para reforçar seu séquito de deuses da escuridão, e depois chamou sua meia-irmã para ajudá-la. De modo algum é inusual para uma deusa ter uma meia-irmã que representa o aspecto obscuro ou subterrâneo do princípio feminino, conectado ao simbolismo da lua e suas fases, ora clara, ora escura. A meia-irmã escura usualmente vive no subterrâneo. Algumas vezes, ela é hostil; outras, detém poderes de magia e cura. Assim, por exemplo, Inanna-Ishtar, deusa suméria do céu e da terra, tinha uma meia-irmã, Ereshkigal, que era rainha do subterrâneo[10]. Isis, da mitologia egípcia, é às vezes retratada como branca, às vezes, como preta. E, em algumas igrejas cristãs, há santuários

---
10. Para um comentário psicológico detalhado sobre Inanna-Ishtar e Ereshkigal, cf. Perera (1981) [N.E.].

à Virgem Negra, que tem poder sobre as forças da doença, loucura, fome, e assim por diante.

Acreditava-se que a meia-irmã de Tiamat formava todas as coisas. Ela deve representar aquele aspecto do inconsciente que produz todas as formas possíveis, os hórridos fantasmas do pesadelo, as fantasias do insano, os terrores estranhos da escuridão, pois o texto nos diz que "ela gera enormes serpentes, serpentes monstruosas horríveis, ordenadas em terror", e outros horrores. Então, não contente com ter criado essas terríveis criaturas, disfarça-as como criaturas da luz.

Essa é uma manobra com a qual estamos familiarizados em nossos encontros com o inconsciente. Quem não descobriu, em um momento de conflito sério, que o que parece ser bom pode ter um efeito mau, ou que alguma ação ou atitude que comumente condenaríamos como completamente obscura começa a aparecer como a única via correta? O inconsciente pode provocar tanta confusão entre o que é certo e o que é mau que o ego pode facilmente ser desviado. O dilema é de uma natureza tal que não há certo claramente marcado, nenhuma solução que seja somente boa quando julgada pelos cânones comuns de certo e errado. Assim, o ego não pode decidir com base em algum padrão geral. Somente um juízo baseado em um modo individual – ou seja, aquele do qual o Si-mesmo e o ego-consciência participam – pode resolver o conflito insolúvel. Mas isso, na época de nosso mito, ainda não era possível; os deuses eram muito poderosos.

Tão logo sua meia-irmã completou suas preparações, Tiamat criou as onze constelações do zodíaco. (A décima segunda constelação só foi acrescentada muito depois.) Uma dessas foi representada pelo filho de Tiamat, Kingu, que ela tomou como esposo. Ela lhe confiou a liderança dos demônios e o chamou seu *"único*-esposo". Aparentemente, havia esquecido inteiramente Apsu e sua conexão com ele. As deusas-mães primitivas sempre têm esse tipo de promiscuidade. Elas vivem de acordo com a emoção do momento – nada mais existe para elas. Tão logo estejam emocionalmente envolvidas, são fiéis, mas sua paixão esfria tão logo esquecem inteiramente o objeto de sua devoção e se envolvem com a próxima pessoa que atrai sua atenção. Isso também é muito característico do modo pelo qual o inconsciente atua emocionalmente. A intensidade do momento representa o valor supremo. A pessoa pega em uma tal tempestade emocional ou se submete à pulsão instintiva irrompendo do inconsciente – em outras palavras, cede a Tiamat – ou recruta cada recurso consciente de modo a não ser dominada. Contudo, isso envolveria uma luta da qual somente o herói pode esperar sobreviver.

Penso que grande parte da promiscuidade dos tempos modernos se deve à falta de compreensão dos valores concernidos. Durante a cultura vitoriana, os instintos eram tão reprimidos e o ego e o intelecto tão altamente valorizados que as energias do inconsciente, como Tiamat, rebelaram-se. Agora, necessitamos de um novo salvador, um herói que possa, talvez, vencer uma batalha contra elas e recuperar suas energias para os propósitos da vida. Certamente, retornar às antigas atitudes morais, em relação ao sexo, por exemplo, ou à obediência filial, não resolverá o problema. Vinho novo deve ser colocado em garrafas novas, e não há dúvida de que a rebelião contra a ordem antiga está fermentando um novo vinho que é decididamente potente.

O filho de Tiamat, Kingu, é provavelmente uma forma antiga de Tammuz, que, como Kingu, também era filho e esposo de sua mãe, Ishtar. Esse é um tema arquetípico que Freud tornou familiar a todos com sua ênfase no complexo de Édipo. Mas, embora a ênfase caia sobre o anseio do filho de um retorno ao útero, aqui, a ênfase é na necessidade da mãe de manter seu filho com ela, de satisfazer suas necessidades emocionais e contribuir em sua luta contra a mudança.

Essa relação dual entre a deusa-mãe e o parceiro masculino, que é tanto filho como esposo, é característica das histórias de deuses que morrem e ressuscitam. Kingu desempenha esse papel em nosso mito, e mais tarde ele realiza outro elemento do mitologema, pois foi sacrificado a fim de que o homem pudesse ser criado. Uma vez mais, temos analogias com o dogma cristão, que afirma que, quando Maria foi aceita no céu, entrou imediatamente no quarto nupcial. Ora, é claro que isso não implica que Maria seja Tiamat, ou que Cristo e Kingu sejam idênticos. Mas significa que a imagística arquetípica tenha se repetido continuamente em muitos níveis. A lei que governa o desdobramento de grande parte da concepção primitiva de deidade é a mesma que opera quando chegamos a uma compreensão mais espiritual dos fatores divinos que regem a vida interior. Assim, quando lemos esse mito antigo, podemos encontrar nele uma compreensão das forças eternas que estão em operação no mundo hoje, assim como estavam na Babilônia antiga.

Kingu, então, foi um dos primeiros deuses mortais pertencentes ao mundo subterrâneo. Também, em conformidade ao mitologema, ele foi elevado por Tiamat para se tornar a lua. Isso também é típico desses deuses. Osíris, na mitologia egípcia, era esposo de sua mãe-irmã Ísis e, após sua morte, se tornou senhor e juiz do mundo subterrâneo, mas também partilha com sua mãe o domínio da lua. Tiamat entregou o Tablete dos Destinos, que lhe pertencia, aos cuidados de Kingu. Essa é uma referência ao poder de determinar o destino muitas vezes atribuído à lua. Com essa ação, Tiamat cedeu parte de seu poder despótico a Kingu. Pois, a fim de ser capaz de combater os deuses superiores, era imperativo que ela se submetesse a uma certa ordem. Ela teve de renunciar sua autoridade, seu capricho, como único determinante do destino do universo. A emoção descontrolada não poderia mais governar. Assim, vemos que os deuses da luz ganharam uma concessão do domínio feminino.

Tiamat entregou a determinação dos destinos a Kingu, que, como lua, seguiu um curso estabelecido nos céus e não foi meramente a expressão do caos. É verdade que a lua não segue as mesmas leis que os outros corpos celestiais, mas vagueia sobre os céus no que, para os antigos, deve ter parecido uma forma obstinada. Mas mesmo assim, o caminho de Kingu era muito mais compreensível do que os caminhos de Tiamat. Assim, ao combater a nova ordem dos deuses, Tiamat já sucumbira em alguma medida à sua influência. Ela estabeleceu uma ordem, um modo feminino.

Poderíamos observar, de passagem, que esse é um fenômeno que também pode ser observado em nossas batalhas psicológicas contra o poder imenso do inconsciente. Tão logo começamos a prestar atenção a ele, o caos no inconsciente começa a ser resolvido. Pode ainda ser poderoso e ameaçador, mas os sonhos e fantasias que surgem dele tendem a se tornar mais ordenados e compreensíveis.

O texto prossegue, descrevendo os poderes que Tiamat deu a Kingu para o conflito futuro. "Ela lhe deu o Tablete dos Destinos" (que lhe pertenciam – ou seja, ao inconsciente feminino – desde o começo). Então, ela o enviou para destruir os deuses e a ordem que haviam começado a estabelecer.

Aqui termina o primeiro tablete, como Rogers nos diz: "no caos e ameaças selvagens e paixões inumanas, e monstros estranhos e forças poderosas de desordem" (Rogers, 1908, p. 118).

O aspecto masculino do caos aquoso selvagem havia sido superado pelos deuses e transformado em sua morada sagrada, O *Apsu*, e os deuses – isto é, os deuses celestiais – se envolveram no estabelecimento do seu "modo". Mas, agora, o aspecto feminino do caos primal, a região escura das emoções, assumiu a luta contra a ordem. Tiamat estava completamente estimulada e já havia criado um exército aparentemente invencível para afugentar os deuses.

E, assim, o segundo tablete abre com Tiamat e seus anfitriões organizados para a batalha. Ela enviou uma provocação aos deuses notificando-os que desta vez pretendia destruí-los. Daí em diante, a forma do texto sugere que o ritual era encenado em vez de meramente lido (Smith, 1931, p. 44s.).

> Quando Anshar [pai de Anu e avô de Ea] ouviu que Tiamat estava causando enorme agitação,
> [...] ele mordeu seus lábios
> [...] sua mente não estava em paz.

Ele se dirigiu a Ea e disse:

> "Tu mataste Mummu e Apsu
> Mas Tiamat exaltou Kingu – onde está aquele que pode enfrentá-la?"

Aqui há uma longa lacuna no texto, que continua assim:

> Anshar falou ao seu filho (Anu): –
> "[...] essa é uma dificuldade, meu guerreiro...
> Vai e te ergue na presença de Tiamat,
> Que o espírito dela (seja aquietado), seu coração amolecido.
> Mas se ela não ouvir tua palavra,
> Profere nosso (encantamento) sobre ela de modo que ela seja abatida".

O uso da palavra "abatida" lembra a natureza de Tiamat como o Caos Oceânico. O texto prossegue, então, contando como Anu foi até Tiamat, mas não pôde prevalecer contra ela. Ele se virou e correu aterrorizado para seu pai, Anshar. Nisso,

> Anshar estava distressado, olhou para baixo, para o chão,
> Ficou em silêncio; em direção a Ea ele levantou sua cabeça.

Mas, aparentemente, Ea não estava disposto a aceitar a tarefa, e os deuses disseram:

> "Em parte nenhuma há um deus que atacará Tiamat.
> Ele não escaparia da presença de Tiamat com sua vida".
> O Senhor Anshar, o Pai dos deuses (surgiu) majestosamente,
> Ele refletiu em seu coração, dirigiu-se aos deuses (dizendo):
> "Aquele cuja (força) é poderosa (deve ser) um vingador para (nós)
> [...] Marduc, o Herói".

Então, eles chamaram Marduc e lhe perguntaram se assumiria a tarefa. As preparações de Tiamat foram simplesmente chocantes aos deuses da luz. E aparentemente não menos para os babilônios que as registraram, pois há quatro descrições diferentes delas nos primeiros três tabletes.

Contudo, Marduc não foi subjugado pelo medo ao ouvir sobre a força de Tiamat, pois o texto nos diz:

> O Senhor (Marduc) se alegrou com as palavras de seu pai,
> Ele se aproximou e assumiu seu lugar diante de Anshar.
> Anshar olhou para ele e seu coração se encheu de alegria.
> Ele (*i.e.*, Anshar) beijou seus lábios (de Marduc), e seu medo (de Anshar) foi removido. (Então, Marduc disse) ...
> "Irei, farei com que ocorra tudo que está em teu coração".

Anshar então elaborou um plano de ação para Marduc, que se alegrou com a missão que lhe foi dada, mas estabeleceu algumas condições. Ele disse:

> "Ó, Senhor dos deuses, Destino dos Grandes Deuses,
> Caso eu seja vosso vingador
> Para matar Tiamat e vos conceder vida,
> Convocai uma reunião, proclamai e magnificai minha posição...
> Deixai-me determinar destinos... assim como vós fazeis".

E, assim, Marduc, que é um herói por ser filho dos deuses, está muito mais próximo da consciência humana do que os deuses mais antigos, e aqui ele fez um acordo muito bom para si. Se derrotasse Tiamat, então seria igual aos maiores deuses, até mesmo os ultrapassaria. Isso, certamente, antecipa o próximo estágio de consciência, quando os humanos, através de seu ego consciente desenvolvido, tornam-se semelhantes a deuses, controlando as forças da natureza e fazendo-as servirem a seus propósitos – ao menos, por uma estação.

A história prossegue, contando-nos como Anshar convocou todos os deuses para conceder poderes a Marduc, pois mesmo o maior deus não poderia conceder esses poderes por sua autoridade, uma vez que não havia até então qualquer concepção de uma deidade suprema como conhecemos. Quando os deuses chegaram, Anshar lhes ofereceu um banquete e os deixou um pouco bêbados, de modo que se submetessem a seus desejos.

> Eles comeram pão, misturaram (vinho),
> O gosto da doce bebida mudou suas preocupações.
> Ao consumirem a forte bebida seus corpos ficaram embevecidos,
> Eles cantaram, muito felizes...
> Eles emitiram o decreto para Marduc como seu vingador.

A imagem parental e o desenvolvimento da consciência

Eles lhe deram tudo que ele pedira e mais. E, aqui, segue um incidente muito estranho, a descrição de uma cena de mágica mimética. Aparentemente, os deuses não estavam absolutamente certos de que os poderes que haviam conferido a Marduc seriam suficientes para garantir sua vitória no conflito épico que ocorreria, pois Anu e Ea já não tinham tentado confrontar a mãe onipotente e se retirado embaraçados e confundidos pelo terror que sua mera presença inspirava? E, assim, organizaram um teste:

> Eles mandaram colocar um manto em meio a eles,
> Dirigiram-se ao deus Marduc, seu primogênito (dizendo):
> "Tu, Senhor, deterás a posição suprema entre os deuses.
> Decreta a destruição e a construção, e isso se fará.
> Fala apenas uma vez, e o manto não existirá mais,
> Fala uma segunda, e o manto estará intacto".

A veste que os deuses prepararam representava a abóbada do céu e a curva dos mares subterrâneos concebidos com um todo redondo. Essa figura do círculo ininterrupto do caos primevo corresponde ao ouroboros antes que os opostos passassem a existir. As águas acima do firmamento ainda não estavam divididas das águas abaixo. Assim era a Mãe Tiamat. Na arte egípcia, a figura correspondente, Nut, é representada como uma forma oval, coberta de estrelas. Essas estrelas correspondem aos demônios que Tiamat criou e transformou em constelações. No conflito futuro, Marduc deveria separar a metade inferior desse oval de sua metade superior, fazendo o vento soprar na barriga de Tiamat – ou seja, ele criou o firmamento de ar que, de acordo com o Gênesis, separa as águas que estão acima das águas que estão embaixo. E Marduc termina estabelecendo novos deuses para governarem os céus.

Mas, primeiro, ele tinha de provar sua competência. Se pudesse encantar a veste de modo a dividi-la em duas partes e depois reconstituí-la por mágica, seria capaz de lidar com Tiamat de um modo similar. Na verdade, no mundo da magia, Tiamat já teria sido derrotada pelo ato de encantar a veste. Pois esse é o modo do pensamento mágico. Houve um exemplo anterior desse tipo de magia em nosso texto quando Ea fez uma imagem de Apsu e Mummu e a colocou para dormir em um canto, e o resultado foi que o deus e sua inteligência também foram dormir, sendo hipnotizados pela mágica de Ea. Agora, uma cena similar de magia será executada, mas o experimento é levado um passo adiante, pois os deuses exigem uma demonstração. Marduc deve mostrar seu poder fazendo o manto desaparecer e depois aparecer por seu comando.

Para nós, isso parece uma história fantástica e irreal, mas, de fato, não é. É uma expressão mítica de uma verdade psicológica. Se, por exemplo, uma pessoa se depara com alguma tarefa, uma provação que parece impossivelmente difícil, ela pode, talvez, recusá-la, percebendo que exigiria uma medida impossível de coragem, sabedoria ou força. Ou a pessoa pode partir só e confrontar o problema na solidão, pedir auxílio a um poder maior, talvez em prece e meditação, ou por introversão, o que não é muito diferente. Em qualquer caso, a pessoa submete-se a esse poder mais elevado com cujo auxílio ela pode enfrentar os perigos. É por meio dessa renúncia da vontade do ego que o herói realmente conquista a vitória – não somente sobre si, mas também no mundo exterior. Pois, se essa é a atitude, se as coisas ocorrem ou não como o esperado, não são distorcidas pela intervenção deliberada. Um exemplo clássico desse tipo de "magia" interior é encontrado nas relações entre Getsêmani, Calvário e a tumba vazia.

E, assim, Marduc foi desafiado a provar sua competência. A tensão e ansiedade entre os deuses enquanto esperam pelo resultado são evidenciadas por sua alegria e alívio diante do sucesso:

> Marduc falou, o manto desapareceu,
> Ele falou uma segunda vez, o manto reapareceu.
> Quando os deuses, seus pais, viram sua boca proferir
> Eles se alegraram e reverenciaram-no (dizendo), "Marduc é Rei...
> Vá, tire a vida de Tiamat.
> Deixe o vento carregar seu sangue para as profundezas (sob a terra)".

Então, segue a história da batalha do herói contra a enfurecida Mãe primal e todos os seus poderes destrutivos, que se reuniram para derrotar seu insolente oponente. Marduc imediatamente começou a trabalhar para se armar:

> Os deuses, seus pais, emitiram o decreto para o deus Bel.
> [Bel significa Senhor.]
> Eles o colocaram na estrada que levava à paz e obediência.

Primeiro, pegaram a luz e a colocaram diante de sua face. Esse era o dom de seu avô, Anu. Representa a habilidade de penetrar a escuridão do abismo ctônico pelo poder da luz, ou seja, do entendimento. Em seguida, ele chamou os ventos dos quatro cantos para cercar sua biga. Esses eram seus guardas normais e eram a contribuição de Enlil, o deus da terra, que também era Senhor dos Ventos. Além disso, ele convocou três outros ventos, "o vento contrário", "a tormenta" e a "rajada abrasadora". Esses são os ventos do deserto onde o reino do caos ainda não fora conquistado. Assim, provavelmente como primeiro resultado de seu ato de magia, Marduc já pôde comandar os poderes das regiões sem ordem e voltá-las contra o caos de Tiamat Mãe. E, finalmente, fez uma grande rede na qual planejou envolvê-la de modo que não pudesse escapar, pois se apercebeu de que uma das grandes dificuldades que encontraria na tentativa de derrotar o caos, a profundeza vasta, seria capturá-la. A mesma dificuldade nos confronta quando tentamos lidar com o inconsciente coletivo. Ele sempre nos elude e reaparece fora do alcance.

Tendo se preparado, Marduc parte:

> Ele pegou um caminho direto, apressou-se em sua jornada.
> Dirigiu seu rosto ao lugar de Tiamat.

A atitude de confiança de Marduc é muito diferente da ansiedade e hesitação que Anu e Ea mostraram, mas eles não haviam se preparado adequadamente para o conflito cósmico. Marduc evitou esse erro, pois, além de ter se preparado cuidadosamente, buscou e obteve o apoio dos deuses:

> Então, os deuses o puxam,
> Os deuses, seus pais, o puxam, os deuses o puxam.

A reiteração do fato de que os deuses puxaram a biga e o uso do tempo presente sugerem que essa parte do poema ritual era, na verdade, encenada. O texto continua:

> O Senhor se aproximou, e olhou para o meio de Tiamat.

Sidney Smith indica que um tablete posterior diz que Marduc "entrou no meio de Tiamat", onde Kingu havia se posicionado (Smith, 1931, p. 23). "Meio" poderia ser a barriga ou o útero, recordando um desenho da deusa egípcia, Nut, que corresponde a Tiamat, na qual é mostrada como uma barriga contendo um deus que está enrolado na posição embrionária. Assim, Kingu é como um embrião dentro da barriga de Tiamat.

A história prossegue:

> Ele procura o ponto fraco de Kingu, seu esposo.
> Marduc olha, Kingu cambaleia em seu andar. [Esse é o "olhar" do poder mágico, comparável ao olho mau.]
> Sua (de Kingu) vontade foi destruída, seu movimento foi paralisado.
> E os deuses, seus ajudantes, que estavam marchando a seu lado
> Viram seu líder e sua visão foi perturbadora.
> Tiamat (gritou, mas) não virou sua cabeça.
> Com lábios cheios de (palavras revoltadas) manteve sua determinação,
> (Dizendo), "[...] tu vieste como o Senhor dos deuses, (na verdade),
> Eles se uniram de seus lugares em teu lugar".
> O Senhor (*i.e.*, Marduc) elevou a tempestade de vento, sua arma poderosa,
> (Contra) Tiamat, que estava furiosa, ele a enviou, (dizendo): "(Tu te tornaste) poderosa, és ensoberbada no topo,
> Teu coração (te provocou) a invocar a batalha...
> Deixa, agora, teus soldados se aprontarem, deixa-os pegarem em suas armas.
> Levanta-te! Tu e eu, vamos lutar!"
> Ao ouvir essas palavras, Tiamat
> Ficou como uma coisa louca, seus sentidos ficaram perturbados.
> Tiamat proferiu gritos estridentes furiosamente,
> Seus membros inferiores tremeram ritmadamente desde a base,
> Ela chamou um encantamento, ela pronunciou seu encanto.

Assim, Tiamat lançou *sua* magia contra a de Marduc. Esse foi um momento decisivo, repleto de terríveis possibilidades. E nossa luta contra o poder inundante do inconsciente é igualmente decisiva. Pois, tão logo desafiamos sua supremacia, ele fica perturbado e ameaçador. Seu caráter caótico se torna mais marcante, assim como Tiamat "ficou como uma coisa louca". Então, o inconsciente começa a lançar um encanto sobre nós: ou ficamos encantados pelos espetáculos assustadores que se desdobram em nossos sonhos e fantasias, de modo que mesmo o mundo ao nosso redor parece enfeitiçado, ou somos sobrepujados pela sonolência como se, como o texto mostra, um encanto de sono profundo "fosse lançado sobre nós"; ou, talvez, tornamo-nos tão perplexos e perturbados que não sabemos mais quem somos nem o que estamos fazendo.

Por exemplo, durante a análise, uma mulher de quase 40 anos sonhou que estava caminhando em uma grande praia de areia em um dia ensolarado:

> Lá próximo à água, bem distante dela, havia um grupo de crianças brincando na beira d'água. Atrás de um banco de areia, ela encontrou uma piscina deixada pela maré e enquanto a atravessava viu um pedaço de azeviche. Ela parou e o apanhou, achando ser um tesouro sob a forma do *nigredo*, do qual os alquimistas falam. Mas, imediatamente, um vento frio soprou na cena. As crianças pararam de brincar e se apressaram para encontrar um abrigo, pois massas pesadas de nuvens começaram a se mover no céu. Ela também se virou para entrar, mas se viu em areia movediça, atingida por um vento cada vez mais violento, assumindo proporções de ventania, enquanto chuva e granizo caíam sobre ela. Ela perdeu seu senso de direção e por um tempo temia ser engolfada, mas persistiu em sua luta, segurando com força a preciosa joia escura. Quando seu sonho terminou, estava se aproximando da segurança do quebra-mar.

O tesouro que havia apanhado com tanto risco era um símbolo do Si-mesmo, e porque a imagem arquetípica dos pais não sofreu dano severo ou patológico em seu caso, ela foi capaz de alcançar segurança sem renunciá-lo. Mas, se os pais não carregaram a imagem parental satisfatoriamente, tendo, talvez, apresentado ao seu filho uma figura de egoísmo e discórdia, a imagem arquetípica sofrerá sério dano. Mesmo naqueles casos em que a criança foi materialmente bem-cuidada, se os valores espirituais não foram honrados, então o problema de resgatar o tesouro do inconsciente pode ser muito mais difícil do que para aquelas pessoas em cujos lares, na infância, esses valores foram ensinados. Uma pessoa assim pode sonhar com o tesouro, como essa mulher, mas, quando tenta resgatá-lo, a cena inteira pode se tornar negativa. Então, ela pode cair num pesadelo de escuridão impenetrável e águas escuras. Por vezes, antes que o desastre final acometa quem sonha, algum símbolo religioso emerge. Pode ser somente uma indicação, mas representa a última chance de adotar a atitude correta. Se a imagem do arquétipo de salvação foi muito seriamente danificada, o interlúdio redentor dificilmente pode atrair alguma atenção. Somente quando a pessoa que sonha é analisada, se tornará consciente de que essa salvação foi oferecida.

No caso da mulher que encontrou o pedaço de azeviche, sua ação ao pegá-lo foi equivalente ao roubo de um tesouro. Os poderes da profundidade foram ameaçados, como é evidenciado pela reação do vento e da água quando sua posse primordial foi levada. Uma situação similar é retratada no roubo do Ouro do Reno que terminou levando ao *Götterdämmerung*. A joia escura é um símbolo do Si-mesmo em sua condição original de nigredo. O azeviche é carbono fossilizado. É muito antigo e, assim, expressa o fato de que o tesouro do Si-mesmo se encontrava oculto nas profundezas da psique desde tempos imemoriais. A ação da mulher corresponde ao roubo prometeico do fogo dos deuses, e os poderes inconscientes foram prejudicados por seu sucesso. Essa é uma ocorrência comum na luta do herói, e o dano inevitável produzido pelo ato do herói é aquele que aparece em muitas versões desse mitologema.

Quando a pessoa que sonha não pode suportar a provação e obter o tesouro, um problema muito mais sério está envolvido. Pois o dano à imagem arquetípica é de um tipo diferente daquele inevitavelmente infligido pela luta do herói. Por exemplo, se a experiência dos pais efetivos foi negativa, a atitude consciente da pessoa será caracterizada por sentimentos negativos e resistência em relação a eles. Mas essa condição será compensada no inconsciente por um vínculo particularmente forte, que pode ser representado em imagens oníricas em que a pessoa é assombrada por um dos pais mortos, talvez, ou é enterrada no túmulo deles.

Alternativamente, um dos pais pode aparecer em sonhos como um monstro devorador. Na história de Chapeuzinho Vermelho, o lobo que comeu a gentil avó aparece depois disfarçado como a avó terrível que devoraria a criança também. Nesse tipo de casos, se não houver ensinamento espiritual, a situação será ainda mais danosa, mesmo que, no nível consciente, os pais tenham sido bons. Se a religião ensinada foi de um Deus severo e vingativo, a criança não pode usar os símbolos da redenção, mesmo que possam ser apresentados em sonhos. O Cristo sacrificado, por exemplo, parecerá uma distorção da justiça, envolvendo a condenação de um filho por um pai terrivelmente cruel. Jamais simbolizará o amor e a dedicação de um salvador.

Em casos assim, é como se a infância, em vez de um Jardim do Éden, com suas conotações paradisíacas, fosse um deserto, e, em consequência, a criança é separada por um quiasma intransponível do mundo da promessa, onde o símbolo do Si-mesmo pode ser encontrado. Normalmente, se a criança encontra um pai ou mãe substituta, essa lacuna pode ser transposta na vida exterior. A experiência do cuidado e da orientação parentais encontrada em um pai ou mãe substituta pode dar à pessoa uma oportunidade para superar sua dependência, que certamente será grande porque repousa em uma compensação inconsciente pela experiência dos pais efetivos que se mostraram insatisfatórios.

Na pessoa adulta, pode ocorrer uma reconstrução similar da imagem danificada na situação analítica, onde a transferência da imagem parental para os analistas provê um meio pelo qual a lacuna pode ser transposta. Isso usualmente surge por meio de símbolos religiosos que aparecem nos sonhos que tomam o lugar da pessoa dos analistas, e, assim, levam a libido para um domínio interior ou subjetivo onde a pessoa pode encontrar segurança. Jung faz uma descrição de um desenvolvimento assim no caso de uma mulher que analisou, no qual sua pessoa foi substituída em um sonho pela imagem de um deus antigo que carregava a analisanda em seus braços e lhe concedia uma parte no ritual eterno de renovação da natureza (OC 7, § 211s.). Mas onde a imagem arquetípica foi seriamente prejudicada e os símbolos religiosos foram tão distorcidos que não podem mais servir às necessidades da pessoa, perguntamo-nos se a imagem pode chegar a ser reparada de modo a funcionar normalmente.

Nosso épico não retrata qualquer caso patológico. Em vez disso, representa o modo como a humanidade seguiu pelas eras; ou seja, é a aventura normal – os que não estavam à altura da provação pereceram ao longo do caminho e sua derrota não deixou seu traço nesse mitologema particular.

A questão crucial nesse estágio da luta de Marduc era se sua magia se mostraria poderosa o bastante para superar a de Tiamat, pois, se não, Marduc seria repelido como seu pai e avô haviam sido antes dele. Eles haviam fugido de Tiamat antes sequer de enfrentá-la diretamente, mas Marduc não podia fazer isso. Ele fora tão longe que tinha de arriscar um encontro decisivo. Assim, ele distribuiu suas armas aos deuses, seus ajudantes, e então, diz o texto,

> Tiamat e Marduc, o enviado dos deuses, correram um em direção ao outro.

Assim, na agitação da batalha, parece que Marduc se lembrou que não estava lutando apenas com sua força, nem somente em seu benefício. Era o enviado dos deuses. Similarmente, quando em nossa luta contra as forças do inconsciente somos obrigados a desafiar seu poder ameaçador e mágico, essa é a atitude correta para nós, também, adotarmos. Como Marduc, também não estamos lutando sozinhos, nem estamos buscando uma vitória para nosso ego pessoal. A necessidade da consciência, estranhamente, provém do próprio inconsciente e, em nossa luta, o Si-mesmo ainda-desconhecido que *deseja* se tornar consciente está do nosso lado. A descrição continua:

> Eles [Tiamat e Marduc] se enfrentaram em estreito conflito, estavam ligados na luta.

Não foi uma luta de teorias ou ideologias de gabinete, mas um combate corpo a corpo.

> O Senhor lançou sua rede e a cercou com ela.

Marduc não a deixaria usar sua maior vantagem, a habilidade de escapar e se transformar fora de seu alcance. Essa é uma característica comum das táticas de batalha do inconsciente, pois embora o Si-mesmo em gestação "deseje" se tornar consciente, o inconsciente como um todo resiste à consciência. Quando um elemento ameaça nos subjugar com seu poder sinistro, pode parecer derrotado no primeiro ataque, mas, na realidade, esse é apenas um estratagema para nos pôr fora de guarda e nos apaziguar, levando-nos de volta novamente ao inconsciente. Se não mantivermos nossa determinação, o mal em breve reaparecerá, poderoso como sempre, embora talvez sob o disfarce de uma forma nova e estranha.

Esse é o tema do encontro de Héracles com Nereu. Quando Héracles descobriu que Nereu guardava o segredo necessário e tentou combatê-lo, esse se transformou e escapou, reaparecendo depois sob diferentes formas. O herói persistiu e finalmente capturou o deus, obtendo dele a recompensa. Os índios americanos chamam essa figura "metamorfo". É uma manifestação de Mercúrio, que para os alquimistas foi o primeiro metal e pai de todos os metais, ou o primeiro planeta e pai de todos os planetas, cuja característica é poder desaparecer e se transformar novamente, assim como o mercúrio pode ser sublimado pelo calor, para então se depositar novamente no receptáculo de vidro.

Marduc não pretendia ser enganado desse modo:

> [Ele] lançou sua rede e a cercou com ela,
> O vento mau que se encontrava detrás dele, ele soltou em sua face.

Como devemos interpretar a rede que Marduc fez? O que significaria psicologicamente? Em nosso conflito com o inconsciente, e, especialmente, com o arquétipo materno, significaria tecer uma rede contínua de consciência em torno da situação, de modo que nenhuma intimação do inconsciente pudesse escapar de nossa atenção.

Por exemplo, para retornarmos ao nosso adolescente lutando para se libertar de seus pais – talvez tenha conquistado o direito de levar uma garota para passear no carro da família. A despeito de uma pequena ansiedade quanto a se terá uns trocados para pôr mais gasolina, ele vai adiante e, depois, quando o tanque está vazio, pede, delicadamente, para a garota pagar pelo combustível, como se ela tivesse de desempenhar o papel dos pais que sempre cuidaram para que essas coisas fossem providenciadas. Um garoto assim obviamente não conquistou sua liberdade em relação aos pais. Sua rede está furada. Sua pontada de ansiedade poderia tê-lo alertado a ter cuidado.

Assim, para fazer uma rede é necessário certificar-se de que nenhum buraco seja deixado para que Tiamat, o complexo materno, símbolo de nosso inconsciente infantil, possa escapar.

O que é, então, esse vento mau que Marduc solta na face de Tiamat? Não poderia ser o afeto negativo do filho por muito tempo confinado à mãe-mundo? Certamente, esse é o caminho que freudianos tomariam. Os sentimentos agressivos e negativos da criança em reação à mãe são encorajados por eles, permitindo todo tipo de expressão destrutiva. Um vento mau é soprado na face da mãe particular efetiva. Ora, embora na vida de muitas pessoas alguma experiência da relação negativa com a mãe efetiva possa ser necessária, e seja vivida diretamente ou, mais favoravelmente, trabalhada na fase negativa da transferência aos analistas, deveríamos ter em mente que a revolta não é primeiramente contra a mãe pessoal, mas contra o arquétipo da Mãe. Mesmo em casos em que a mãe pessoal é exigente e possessiva, a liberdade só pode ser conquistada por meio da luta interior contra "Tiamat", e nunca pela rebelião apenas contra a mãe pessoal.

Na verdade, a luta contra a mãe possessiva pessoal nunca termina a menos que Tiamat, a corporificação do instinto e da emocionalidade inconscientes, tenha sido enfrentada. Mesmo que a mãe pessoa estivesse morta, o jovem ainda teria de lutar contra ela em sua psique, embora permanecendo o tempo inteiro submetido às suas disposições caóticas.

Prosseguindo com a história, Marduc lança sua rede sobre Tiamat e a cerca. Então, ele chamou o vento mau atrás dele e o soltou em sua face.

> Tiamat abriu sua boca ao máximo,
> Marduc fez o vento mau entrar nela de modo que seus lábios não pudessem se abrir,
> Os ventos furiosos encheram sua barriga,
> Seu coração foi comprimido, ela escancarou sua boca (ofegante).
> Marduc atirou a flecha, dividindo sua barriga,
> Ele expôs suas entranhas, penetrou [seu] coração,
> Aniquilou-a e destruiu sua vida.
> Ele deitou sua carcaça, e se posicionou sobre ela.

Assim, Tiamat foi subjugada por esse vento mau após ter sido pega na rede. Certamente, isso significa que após termos capturado o instinto inconsciente que é a causa de nossas compulsões interiores, nossas reações negativas contra esse poder – observe que nossa agressão e nossas reações negativas não são contra um ente humano, sobre o qual o poder de Tiamat foi projetado, mas nossas reações contra a servidão interior – então, esses "ventos", mesmo que tenham de ser designados como maus, podem ser usados para dividir a barriga de Tiamat.

Isso significa dividir ou analisar essa compulsão interior em seus opostos. Pois uma metade de Tiamat foi elevada para formar o domo do céu, enquanto a outra metade compôs a base do mundo – ou seja, uma parte era espiritual e a outra ctônica.

É interessante notar que, no caso da luta contra Apsu, foi Mummu, sua inteligência, que teve de ser enfrentada e destruída, enquanto aqui o principal conflito é com a própria Mãe Tiamat. Kingu, seu esposo e representante, é descartado sem muito problema mais tarde. Isso parece sugerir que, quando o ataque do inconsciente está no domínio do pensamento, pode ser enfrentado de um modo mais impessoal, um pouco menos íntimo, do que quando o problema reside na região das emoções. Pois aí a inteligência da mente não pode ajudar. É necessário a inteligência do coração.

A história continua:

> Após Marduc matar Tiamat, a líder,
> Seu séquito foi disperso, seus soldados se tornaram fugitivos,
> E os deuses [ou demônios], seus aliados, que marcharam ao seu lado,
> Tremeram de terror, desistiram e correram,
> E se puseram a fugir para salvar suas vidas.
> Mas se viram cercados, e não puderam escapar.

Então, Marduc os confinou "em um lugar escuro", correspondendo à ideia de os demônios terem sua morada no inferno; ou, em termos analíticos, poderíamos dizer que Marduc os depositou no inconsciente. Assim, a luta não terminou!

Marduc em seguida volta sua atenção para Kingu e o destrói, pois o considerava de pouco valor, como se fosse um deus morto. E:

Marduc tirou dele o Tablete dos Destinos, que jamais deveriam ter-lhe pertencido,
Selou-o e o atou ao seu peito.

Desse modo, Marduc assumiu a responsabilidade pelo destino do mundo, e, como veremos adiante, fez arranjos apropriados para salvaguardar esse precioso tablete. Quando os babilônios ouviam essas palavras do poema ritual, devem ter se apercebido de que tinham uma responsabilidade pessoal por seus destinos. Talvez, os mais conscientes entre eles tenham resolvido jamais permitir que o Tablete dos Destinos caísse novamente nas mãos do Caos e de seu filho-esposo.

Aqui, podemos ver o próprio começo da liberdade pessoal, o sentimento de responsabilidade e, também, o começo da democracia. Pois a tirania começa quando uma pessoa fica possuída pelos demônios do Caos (Kingu ou Tiamat) e se identifica, consciente ou inconscientemente, com o papel de tirana. Essa pessoa toma o Tablete dos Destinos, por assim dizer, e, assim, obtém poder para ordenar o destino da maioria, como vimos nos países comunistas e fascistas. Mas se o herói vence, então, novamente, conquistamos o poder de fazer nossos planos e, nesse sentido, escolher nosso destino (Langdon, 1931, p. 314). Mas, infelizmente, o compromisso com a consciência tem sido esquecido muitas vezes desde esse dia, e em cada um desses momentos o Caos reinou.

Essa é a segunda vez que nosso poema nos diz que os babilônios reconheciam que a humanidade poderia desempenhar um papel no destino do mundo e não permanecer uma marionete, completamente dependente do capricho dos deuses. A primeira indicação de que poderíamos ter alguma liberdade da vontade foi indicada no tablete que descreve a função das estrelas como determinantes do destino. Aí, afirmou que os humanos deveriam fazer seus planos – "o habilidoso para o habilidoso, o tolo para o tolo". Mas para que mesmo essa quantidade de liberdade possa ser conquistada hoje, cada pessoa tem de encarar um encontro particular com os poderes do inconsciente. Aqueles que conseguem conquistarão a própria liberdade, mas somente se também encontrarem um meio de fazer as pazes com os poderes interiores por meio de uma atitude correspondente à devoção religiosa dos babilônios – e então devem aceitar os resultados de suas escolhas. Se uma pessoa é habilidosa, no sentido de sábia, então a consequência será afortunada, mas uma pessoa tola sempre tomará decisões tolas. Ainda assim, mesmo a tola ajuda a moldar seu destino, e, assim, não pode colocar toda a culpa, ou todo o crédito, nos deuses.

O poema continua:

> Após ter derrotado e assassinado seus inimigos...
> O valente Marduc impôs restrições rígidas aos deuses que ele tornou cativos.
> Ele voltou a Tiamat, a quem derrotara,
> O Senhor (Marduc) pisou nos restos de Tiamat,
> Com seu impiedoso bastão ele abriu seu crânio.
> Ele abriu os canais de seu sangue.
> Ele fez o Vento Norte levá-lo a um lugar subterrâneo.

Desse modo, o decreto dos deuses foi cumprido.

> Seus pais [*i.e.*, os deuses] observaram, alegraram-se, ficaram felizes.
> Trouxeram-lhe oferendas de triunfo e paz.

Mas Marduc não se desviaria de sua tarefa ainda incompleta:

> O Senhor (Marduc) pausou, examinou a carcaça de Tiamat,
> Ele dividiu o feto.

O feto de Tiamat era considerado o germe vivo a partir do qual o universo foi construído, e, talvez, visto de outro ponto de vista, Kingu representasse esse germe. Assim, vemos que, quando conquistamos uma vitória sobre as forças do inconsciente, nossa tarefa ainda não está completa. A primeira coisa a fazer é "examinar a carcaça"; ou seja, examinar o episódio perturbador inteiro, e, na quietude relativa que segue um conflito emocional assim, tentar descobrir os elementos que agitaram Tiamat. Isso, de modo algum, é fácil, pois uma recapitulação como essa pode muito bem incitá-la novamente, mostrando que, no fim, não está tão morta. E, assim, ouvimos que Marduc recusou as oferendas dos deuses e continuou seu trabalho:

> Ele cindiu Tiamat em dois como um marisco, [exatamente como fez com o manto]
> Uma metade ele ergueu e com ela fez os céus como uma sombra.
> Ele puxou o ferrolho, enviou um guarda,
> Ordenou-os que não deixassem a água escapar. [Ou seja, as águas que estão acima do firmamento. Foi também uma salvaguarda contra um dilúvio.]
> Ele cruzou o céu, contemplou de lá as regiões.

Então, tendo revisto todo o novo mundo que havia conquistado a partir do reino de Tiamat, estabeleceu uma morada sagrada, ou templo, para os três deuses nomeados, uma réplica exata dos três reinos – céu, terra e o subterrâneo. E, assim, tão logo Marduc terminou sua luta e obteve o prêmio da vitória, partiu para ordenar o caos e controlar os destinos. Isso mostra que já havia se libertado de algum modo dos poderes antigos. Teria sido natural para ele repousar e banquetear após uma vitória assim, mas ele se apercebeu de que o caos não é conquistado a menos que a ordem seja estabelecida.

Essa é uma lição que os poderes ocidentais aprenderam de algum modo com a experiência da Primeira Guerra Mundial. Quando o Tratado de Versalhes foi assinado, os conquistadores se retiraram e deixaram as nações conquistadas lidarem com o caos que seguiu à sua derrota. Mas isso elas foram totalmente incapazes de fazer, até que se reorganizaram sob um tirano e, então, os poderes maus do expansionismo e da agressão reinaram novamente. Após a Segunda Guerra Mundial, os aliados aprenderam algo, e, ao menos, tentaram estabelecer ordem e prosperidade nos países conquistados. Essa é uma verdade igualmente aplicável a relações internacionais.

Assim, Marduc começou a dividir os territórios e poderes entre os deuses da luz. Ou seja, uma ordem masculina foi estabelecida e o modo feminino foi excluído. Ao longo do mundo semítico, o princípio masculino foi, na verdade, mantido supremo. Javé governava sozinho no céu e exigia servidão total do povo. A antiga deusa síria [Atargatis] foi desacreditada e seus santuários destruídos. Mas foi demonstrado repetidamente que manteve algum poder, pois em qualquer crise séria o povo escolhido de Javé apelava a ela por ajuda e conforto. Na terra, os homens, que Javé criara em sua semelhança, possuíam a terra e faziam as leis, enquanto as mulheres se tornaram um receptáculo, quase escravas dos homens. Mas, no curso da história, aquilo que foi desprezado e rejeitado pelos homens foi estabelecido no topo. O Filho da Mãe, cujo protótipo era Kingu ou Tammuz, fez sua aparição e viveu seu destino extraordinário, morrendo para que os humanos pudessem viver, o que, como veremos, também ocorreu a Kingu.

Marduc continuou se apossando do reino que havia conquistado. Primeiro, estabeleceu lugares para os deuses, e, como sempre estivessem inclinados a disputas, colocou-os muito distantes, dando a cada um uma constelação de estrelas como sua morada. Ele os instruiu a marcar os meses, e para Sinn, a lua, determinou que as noites "determinassem o dia" e que medisse os dias com sua trombeta e sua coroa, de modo que os dias, ou, melhor, as noites, do mês deveriam ser contadas pelas fases da lua, como na verdade foram até os tempos romanos. Um vestígio dessa prática permanece em nossa descrição do tempo [na língua inglesa], pois falamos de meio mês como uma *fortnight* (duas semanas) – não quatorze dias, mas quatorze noites.

Durante o dia, o princípio masculino do intelecto e da ordem consciente governa, mas, à noite, passamos para o domínio do inconsciente, onde o feminino exerce seu poder, pois na mitologia a lua pertence às Deusas-Mães ou aos seus filhos. E, para os homens, essa parte das vinte e quatro horas é governada pela *anima*, sua figura anímica feminina, senhora do inconsciente.

O restante desse tablete está faltando, mas, aparentemente, continha uma descrição do descontentamento dos deuses. Quando foram estabelecidos em seus lugares no céu, ficaram cansados de seu isolamento e talvez de sua preeminência também – é apenas um poder vazio caso não haja a quem governar – e começaram a reclamar que sua existência era sem sentido. Não havia adoradores em seus santuários, e, como ninguém lhes trazia oferendas, eram muito pobres.

A fim de lidar com essa dificuldade imprevista e satisfazer os deuses, Marduc concebeu outro "plano astucioso", uma indicação de que o herói deve ser tão esperto e criativo quanto bravo. Ele anunciou sua intenção de prover adoradores. Ele disse que criaria humanos de carne e osso:

> Solidificarei sangue, formarei ossos.
> Estabelecerei os humanos, "Humano" (será) seu nome.
> Criarei os humanos, "Humano".
> O serviço dos deuses será estabelecido, e descansarão.
> Duplicarei os caminhos dos deuses, e os adornarei.
> (Agora), eles estão agrupados em um lugar, mas em breve serão divididos em dois.

Humano, escrito com H maiúsculo, significa a própria essência humana, o *anthropos* [ente humano], como foi mais tarde chamado, e é um símbolo do Si-mesmo. O texto declara que os Humanos deveriam ser criados com o propósito único de servirem os deuses, de modo que os deuses pudessem sossegar – no sentido de que as forças do inconsciente dentro de nós pudessem ser satisfeitas, subjugadas, por um sacrifício e por uma atitude religiosa da parte de cada pessoa. E é além disso indicado que esse serviço deve ser feito pelos Humanos, novamente com letra maiúscula; ou seja, não deve ser uma execução meramente perfunctória do ritual prescrito feita pelo ego consciente, mas deve ser uma oferenda e um sacrifício reais envolvendo a pessoa total – uma atitude comparável àquela expressa na prece dedicatória, "Aqui, oferecemo-nos e apresentamo-nos diante de Ti, nossas almas e corpos..." Esse é um ritual cristão antigo, um "sentimento por Deus, se, porventura, pudermos encontrá-lo", mas vezes sem conta não podemos ser atingidos pela clareza de visão e sinceridade do povo mais antigo.

Em nosso texto há uma indicação de que até essa época os deuses, as potências do inconsciente, fossem indiferenciados, mas que, agora, com a chegada da consciência à humanidade, devem ser divididas em pares de opostos. Até agora, os deuses eram bons-maus, favoráveis-desfavoráveis – ou seja, eram meramente forças, como o vento ou o clima –, mas, agora, os deuses beneficentes deveriam ser diferenciados dos destrutivos.

Esse foi o primeiro resultado da rebelião no Éden. Adão e Eva, tendo comido o fruto da árvore, chamada Árvore do Conhecimento do Bem e do Mal, começaram a tomar decisões morais baseadas em sua habilidade para discriminar entre os dois. Conquistaram o poder de escolha. Aqui, também, a tarefa da humanidade, o único propósito da criação humana de acordo com essa descrição, era fazer essas discriminações entre os deuses e lhes trazer oferendas adequadas às suas naturezas individuais. Assim, nós, também, temos de descobrir que serviço ou presente, que sacrifício, é necessário para satisfazer o divino inconsciente ou as potências demoníacas dentro de nós. Mas, para tornar as criaturas capazes de consciência, era necessário sangue, e os deuses, sendo naquela época as únicas criações vivas, eram os únicos que poderiam supri-lo. Alguns deles tinham de ser mortos, mas nenhum deles estava disposto a se voluntariar. Assim, aparentemente, Ea, deus da sabedoria, pai de Marduc, foi consultado, pois o texto nos diz:

> Ea respondeu e lhe dirigiu a palavra [*i.e.*, a Marduc],
> Para o consolo dos deuses, ele lhe repetiu um conselho (dizendo):
> "Que aquele que criou o conflito seja dado (como sacrifício),
> Farei com que carregue sua culpa, mas habitareis tranquilamente".

Nisso, aparentemente, os deuses repentinamente viram uma saída para seu apuro, gritando:

> "(Foi) Kingu que criou o conflito,
> Que fez Tiamat se revoltar, juntar-se na batalha (contigo)".

Ora, obviamente, isso não era verdade. Kingu só foi criado por Tiamat durante o tempo em que ela estava se preparando para encontrar Marduc na batalha. A causa da rebelião de Tiamat antecede em muito o nascimento de Kingu. Assim, ele era claramente uma vítima inocente.

Esse episódio inteiro é reminiscente de outro julgamento e sacrifício cerca de dois mil anos depois, quando uma vez mais o filho inocente da mãe foi erroneamente acusado pelos representantes da deidade masculina, e seu sangue também foi derramado para que a humanidade pudesse renascer, renovar-se.

Então Ea formou a humanidade a partir do sangue de Kingu e o texto nos diz que os Humanos foram criados para o serviço dos deuses, e os deuses foram libertados. Esse ponto é enfatizado, pois o texto prossegue:

> Após Ea ter criado os humanos, colocou sobre eles o serviço dos deuses.
> Esse trabalho ultrapassou o pensamento humano, feito pela astúcia de Marduc e a sabedoria de Ea.

Nessa narrativa antiga, percebemos uma verdade profunda – que entes humanos foram criados com o único propósito de servir os deuses de cujo sangue da vida foram formados. Em termos psicológicos, isso significaria que o corpo físico, carnal, é formado a partir da força vital da psique, e que o único propósito dessa criação é que o ego-consciência possa servir o Si-mesmo. Para os babilônios, era óbvio que o espírito ou psique fosse apenas um epifenômeno da pessoa física. Do contrário, cada um de nós é uma psique que habita um corpo.

Marduc, então, convocou os deuses para construírem seus santuários sobre a terra. Eles deveriam corresponder exatamente aos "caminhos" dos deuses nos céus. Esses santuários são descritos detalhadamente em termos de astrologia. Os templos, chamados *ziggurats*, eram construídos em camadas, representando as órbitas ou esferas dos planetas. Originalmente, antes de 2000 a.c., quando somente cinco planetas eram reconhecidos, os *ziggurats* tinham cinco camadas, mas, mais tarde, houve sete níveis correspondentes aos sete planetas e às sete noites da lua do quarto crescente. No centro da corte estava o Apsu, receptáculo da água da vida, chamado pelo primeiro deus o "Abismo de Água Doce", de cuja substância era formado. No grande salão da assembleia estavam os santuários dos deuses, cada um em sua constelação. Aqui, ano após ano, os festivais eram organizados quando o sol surgia no equinócio de primavera, e a história da criação e do conflito entre o deus-herói e os poderes primais, os dragões do caos, era reencenada.

Uma descrição dos rituais que eram realizados nos onze dias do Ano-novo foi em parte preservada em outra série de tabletes, e alguns dos hinos usados na liturgia também chegaram a nós. No segundo dia, o seguinte hino era recitado diante do santuário de Marduc, que é tratado simplesmente como Bel, que significa Senhor:

> Bel, que restaurou a paz aos grandes deuses,
> Bel, que humilhou os poderosos com seu olhar,
> Os vastos céus são a totalidade de tua mente.
> Bel, com teus olhos contemplas todas as coisas.
> Controlas as leis com tuas leis.
> Fazes decretos com teu olhar.

Na afirmação de que os céus são a totalidade da mente de Deus, encontramos uma afirmação surpreendentemente psicológica, e a observação de que a lei humana está sujeita à lei divina é uma verdade que o mundo presente faria bem em observar.

O hino prossegue, descrevendo como Marduc lança ao fogo os dragões e serpentes que a meia-irmã de Tiamat criara. Havia também uma tradição segundo a qual ele lidara similarmente com Kingu. E no dia seguinte os artesãos faziam estátuas do Homem-Escorpião e do Homem-Serpente, dois dos monstros criados pela meia-irmã de Tiamat. Um dia após, elas eram decapitadas e jogadas ao fogo.

No quinto dia, o rei vinha ao templo. Ele lavava suas mãos e se ajoelhava diante do deus. O alto sacerdote tomava o cetro do rei e outra insígnia de realeza e os colocava diante de Marduc em sua capela, pois pertenciam apenas ao deus, e uma vez a cada ano o rei deveria devolvê-los a ele. Nesse momento, o rei era um comum, e o alto sacerdote, representante do deus mais elevado, golpeava suas bochechas. Então, levando-o até diante de Marduc, o sacerdote puxava suas orelhas e o fazia se ajoelhar e apresentar uma descrição de sua posição.

Como era o costume, a confissão era inteiramente negativa. Não era uma descrição moral, mas uma recitação das proibições que tinha ou não observado. Assim como os Dez Mandamentos são formulados, basicamente, em termos de atos proibidos, a antiga obrigação babilônia aos deuses é concebida como a necessidade de se abster de certos atos. Virtude, para eles, não exigia ainda uma moralidade positiva e responsabilidade consciente para os motivos e ações de uma pessoa. Mas se um ritual assim fosse exigido de todas as autoridades hoje, mesmo esse grau de responsabilidade consciente para o posto poderia poupar o mundo de muito sofrimento.

E, assim, na Babilônia antiga, o rei era obrigado a confessar:

> Não pequei, ó Senhor das terras, nem fui negligente para com tua divindade.
> Não arruinei a Babilônia...
> Não golpeei as bochechas de meus súditos... nem lhes humilhei.

O alto sacerdote respondia a essa confissão, falando em nome de Marduc, "Não temei". Tendo, assim, apresentado uma descrição de sua administração, o rei, recebia a insígnia real novamente. Mas a lei do Estado presumia que o alto sacerdote tinha o direito sagrado de retirar a coroa de qualquer monarca que tivesse abusado de seu posto. Desse modo, a tirania de uma monarquia absoluta era sujeita à lei divina. A fim de testar se o rei era inteiramente honesto nessa confissão, o alto sacerdote golpeava novamente suas bochechas. Se o rei chorasse, sabia-se que Marduc estava contente com ele. Mas, se não chorasse, então Marduc ficava descontente, e inimigos certamente viriam e provocariam sua queda.

Logo após o pôr do sol no quinto dia, o sacerdote fazia uma fogueira de juncos e um touro era sacrificado sobre ela. O sacerdote e o rei cantavam um hino ao "touro divino". Esse sacrifício recorda o épico do sacrifício do Touro do céu por Gilgamesh e Enkidu, seu meio-irmão. O touro representa o signo zodiacal de Taurus, o mês platônico que precede a época de nosso mito. Os impérios babilônico e assírio correspondem ao mês platônico de Áries, o Carneiro, que é representado pelo Marduc criança carregando o carneiro em seus ombros e foi introduzido pelo sacrifício do Touro de Taurus, o signo zodiacal precedente.

A época cristã que seguiu imediatamente após foi similarmente introduzida pelo sacrifício ritual de um Cordeiro. Gilgamesh era o Touro que ele sacrificou; e Cristo, o herói do próximo *transitus* – o de Áries a Peixes – era o *Agnus Dei*, o Cordeiro que era sacrificado. Na Igreja grega, junto ao seu oposto, o anticristo, ele é conhecido como Pisces, Peixes, regente do signo zodiacal e mês platônico dos Peixes. No momento presente, a Terra está quase fora do signo dos Peixes e prestes a entrar no signo de Aquário, o Portador da Água. Na arte babilônica, essa figura é representada por Apsu, que despeja a água divina do pote do céu (Figura 3). Essa água é o próprio Apsu, conquistado e subjugado por Ea e despejado sobre a terra inteira, para que a vida humana não seja destruída quando vier o sopro flamejante dos dragões do deserto.

E, assim, aprendemos com a história antiga o segredo muitas vezes esquecido que, embora o poder turbulento e caótico do inconsciente possa ameaçar a existência de nossa ordem consciente delgada e frágil, o inconsciente também vem da água da vida, cuja graça divina é nos reviver e renovar nossa coragem para perseverar no antigo conflito pela consciência.

No último dia do festival um hino final era cantado:

> Ó Senhor, em tua entrada em tua casa, possa ela se alegrar em ti.
> Trazer de volta a seus lugares, os deuses do céu e da terra.
> Deixai-os gritar para ti, "Ó Senhor, paz!"

Nosso mito descreve o que poderia ser chamado o curso "normal" da luta do herói travada ao longo dos séculos, e deve ser enfrentada novamente por toda criança para se libertar da dependência dos pais.

Com essa luta do herói, a pessoa ganha liberdade, mas a imagem arquetípica em sua forma parental é danificada. Na verdade, em nosso mito ela é fragmentada, e no lugar de Tiamat – a Una, o ouroboros matriarcal – a companhia dos deuses é estabelecida. Não são mais suficientes em si, contudo, como a Mãe Tiamat havia sido, mas são dependentes dos Humanos para serviços e sustento. Esse é um aspecto da luta e da conquista do herói que não é usualmente enfatizada o suficiente. Pois não é o próprio arquétipo que é destruído na luta do herói, mas sua imagem, sua manifestação *simbólica*. Uma pequena parte de sua energia desmedida foi combatida por ela e se torna uma posse da humanidade, para ser usada pela consciência. E, então, o herói parte para seu novo caminho, sem saber que o arquétipo certamente emergirá sob uma nova forma, representada em nosso mito pela companhia dos deuses, para com os quais tem responsabilidades e obrigações definidas, enquanto o próprio arquétipo incognoscível retorna às profundezas do inconsciente.

Assim, vemos que o herói conquistou algo em sua luta bem-sucedida, mas a imagem arquetípica foi danificada e deve ser reconstruída. Esse é um processo normal e necessário. A húbris do herói, a revolta contra os poderes do inconsciente, é a *felix culpa*, o crime afortunado.

Infelizmente, contudo, nem toda criança é uma heroína ou tem a coragem de assumir a luta pela liberdade voluntariamente. Além disso, o problema pode ser complicado pelas perturbações inusuais na imagem do Pai, ou, ainda mais desastrosamente, na imagem da Mãe que a pessoa experienciou no início da vida.

Figura 3. Apsu despejando a água divina do pote do céu (Langdon, 1931)

4   O desenvolvimento da consciência

No mito, Marduc, o herói, triunfou completamente sobre os pais deuses. Ele os destruiu inteiramente e se tornou senhor de seus poderes. Mas só foi capaz de administrar seus recém-conquistados territórios com a ajuda de deuses inferiores, sem nome. E, como vimos, ele dividiu as regiões entre eles. Ele pôde fazer isso porque era um dos deuses nomeados, que descendia diretamente de Apsu e Tiamat. Os deuses nomeados pareciam conter uma centelha de consciência, enquanto os não nomeados representariam energias completamente inconscientes: instintos, emoções e outros fatores compulsivos, exatamente como os "anjos" no Antigo Testamento e do cristianismo são, como Jung indica, entes sem alma, que representam apenas os pensamentos e desejos do criador (MDR, p. 327).

Era natural que Marduc tivesse autoridade sobre os deuses não nomeados. Tinha sido especialmente preparado para sua tarefa por todos os outros deuses, nomeados e não nomeados, que haviam contribuído para seu sucesso. Mas, após ter vencido a luta, os deuses inferiores, tendo recebido poderes adicionais que não haviam conquistado na batalha, passaram a brigar entre si. Assim, Marduc teve de assumir a tarefa acessória de criar os Humanos para serviram e manterem os deuses contentes.

Esses deuses rivais e rebeldes representam as energias instintivas do inconsciente, e, para serem induzidos a trabalhar juntos harmoniosamente, os Humanos tinham de ser criados. Em outras palavras, os entes humanos tinham de desenvolver ao menos uma pequena medida de consciência. Mas, para isso, um dos deuses tinha de ser sacrificado, e Kingu, o Filho da Mãe, foi escolhido. Ele foi devidamente sacrificado, e os Humanos foram criados a partir de seu sangue. E, assim, os humanos continham o sangue, ou o espírito, de um deus.

Devemos pausar para considerar o que significaria em termos psicológicos os deuses lutarem entre si, e por que o primeiro esforço de Marduc para criar harmonia foi o de afastá-los.

Os deuses são, com certeza, elementos psíquicos, energias instintivas. Na criança e nos adultos, até que a pessoa tenha desenvolvido alguma autoconsciência, essas energias ainda não são parte da personalidade consciente. Elas se expressam em emocionalidade compulsiva: agressão, raiva, amor, desejo, apetites de todo tipo, preguiça, cupidez, e assim por diante. Na situação humana, a criança começa a vida dentro do domínio parental, com o instinto sob o controle dos pais e professores. Essa é uma situação na qual a pessoa não se sente responsável por suas emoções. Quando a criança começou a se separar do controle parental e tenta levar uma vida independente, cedo ou tarde surgirão obstáculos ou desastres de vários tipos. Então, os "deuses" entram em ação. A pessoa se enfurece com eventos ou circunstâncias, e quando as coisas não mudam quando ela quer, ela se sente ofendida e se compraz em autocompaixão, ou culpa outros, voltando-se contra eles com reprovações violentas ou ações agressivas. Um caos de emoções primitivas toma a pessoa; ou seja, ela volta ao controle de Tiamat, e todo o trabalho deve ser refeito.

Mas se, em resposta a um obstáculo, a pessoa quietamente seleciona suas reações, talvez possa ser capaz de separar os deuses, como Marduc fez. Há em nós inclusive um impulso, quase um instinto, para fazermos isso. Jung o chamou de necessidade de reflexão (OC 8/2, § 241). Talvez seja o elemento civilizatório mais importante em nossa constituição psicológica, precedido apenas pelo amor.

Por exemplo, um homem chega do trabalho cansado e faminto e vê que o jantar ainda não está pronto, e sua esposa quer sair enquanto ele quer ficar em casa. Ele mostra sua irritação e ela tenta acalmá-lo com palavras ternas. Nisso, ele se enfurece, dizendo que ela é exatamente como sua mãe e que não será manipulado – e sai furioso. Ela se precipita em direção à cozinha e poucos minutos depois o chama para jantar, mas ele não vem, o que naturalmente a irrita também. Quando finalmente ficam juntos, nenhum comerá, mas começarão a relatar todos os problemas não resolvidos que têm sido represados ao longo de seu casamento. Todavia, nesse processo, o que o homem realmente quer é ser compreendido; ou seja, ele quer uma mãe. Mas ela também quer um pai e não admitirá isso; simplesmente se ressentirá da inadequação de seu esposo e de sua incapacidade de desempenhar o papel parental.

Novamente, aqui, se pudessem apenas se sentar calmamente e examinar suas reações, separá-las e, assim, lidar com elas por si, teriam uma chance de resolver a dificuldade e realmente se relacionarem. Mas isso requer sacrifício. Ou seja, ambos teriam de sacrificar seu desejo de serem filhos, cuidados por pais indulgentes, e enfrentar a vida como realmente é. Caso pudessem fazer isso, não só dariam um passo importante na direção de uma autoconsciência maior como também se libertariam para se tornarem verdadeiramente adultos.

Em nosso mito, Marduc conquistou uma vitória completa sobre os deuses parentais, Apsu e Tiamat, mas no processo de organizar a nova ordem teve de criar os Humanos – ou seja, a consciência – a um certo custo, o do sacrifício, que corresponde ao sacrifício das expectativas infantis. No estágio seguinte do mitologema, a história e o destino dos Humanos substituem o conflito entre os deuses.

A história dos deuses ocorreu aparentemente em um tempo eterno. Não há menção de tempo medido na história. O texto nos diz que um evento ou uma sequência de eventos ocorreu "em um dia quando..." – grande parte da história do Gênesis nos diz que a criação do universo ocorreu em sete "dias". Mas, quando os Humanos, que são a consciência, entram em cena, imediatamente ocorre um sentido muito mais acurado de tempo e sequência. O tempo começa a ser medido em função da existência humana. No Paraíso, antes que a consciência tivesse sido roubada com o fruto da Árvore do Conhecimento, a humanidade, como Deus, vivia em um dia eterno e não envelhecia. Mas quando a consciência surgiu, o tempo começou a se mover; a vida não estava mais confinada a um "agora" intemporal.

A mesma sequência de eventos ocorre na criança. Na primeira infância, ela vive em um estado intemporal. Mesmo nos primeiros anos escolares, um dia de verão parece eterno. Horas e dias seguem um ao outro numa repetição interminável. Essa condição persiste até que algum evento, um acontecimento, por vezes exterior, por vezes interior, desperta a pessoa. Então, o tempo começa a se mover, eventos sucedem uns aos outros em uma continuidade reconhecível – iniciando a memória e a história pessoais, e, com elas, surge um senso de responsabilidade para suas ações.

Como os budistas dizem, para pessoas de pouco intelecto (ou pouca consciência) é necessário aprender a lei da causa e efeito. Essa experiência ocorreu aos primeiros pais bíblicos quando, tendo comido do fruto, encontraram-se, pela primeira vez, tendo que assumir a responsabilidade por suas ações. Eles saíram do Jardim, expulsos da presença de Deus para a vastidão onde tiveram de assumir uma nova forma de vida, dependentes de seus esforços em vez de serem providos pela abundância do Jardim.

A história do Gênesis corresponde à história do desenvolvimento da civilização e da consciência individual. Primeiro, os humanos coletaram alimentos, provavelmente como Adão e Eva faziam. Depois, veio a captura de pequenos animais, e mais tarde ainda a caça dos grandes. Ao longo dos anos, os homens aprenderam a domar e pastorear alguns dos animais anteriormente caçados, tornando, assim, o suprimento de alimentos muito mais estável. Enquanto isso, as mulheres aprenderam que poderiam cultivar os tubérculos e os pequenos frutos que coletavam, escavando o chão com um graveto. Conta-se que Caim, o filho mais velho de Adão e Eva, tornou-se um lavrador do campo – ou seja, como homem, tomou a invenção das mulheres e a ampliou, cercando campos regulares. Essa atividade foi conectada ao pecado de Adão, pois, primeiro, foi uma invenção – ou seja, um resultado do "conhecimento" – e, segundo, a necessidade de cultivar o solo foi a forma que a maldição de Deus assumiu.

É interessante notar que em cada um desses estágios no desenvolvimento cultural os humanos sentiram a necessidade de buscar ajuda de Deus ou dos deuses. Mesmo lá na Idade da Pedra, para aqueles que pintaram as cavernas no sul da França e na Rodésia, a caça de animais era uma tarefa religiosa. Os deuses sob a forma de antílope ou cervo eram pacificados com cerimônias antes da caça, como os índios americanos que faziam a dança do urso ou a dança do cervo antes de partir para capturar ou matar o animal. Quando a caça era bem-sucedida, os melhores pedaços da carne eram queimados para que a fumaça pudesse alimentar seu pai espiritual, e a pele do animal era usada para fazer as vestimentas rituais do sacerdote.

No Jardim do Éden prevalecia uma condição paradisíaca correspondente à primeira infância. Adão e Eva viveram no primeiro estágio, onde o alimento era disponibilizado sem trabalho. O texto da Bíblia nos diz: "Vejam, dei-lhes toda erva que produz semente... e cada árvore, na qual o fruto produz semente; para que vocês delas se alimentem" (Gn 1,29). Mas quando foram expulsos do Jardim, afastaram-se de Deus e tiveram de assumir a responsabilidade por seu sustento. Foi dito a Adão que teria de trabalhar para obter alimento, enquanto a punição concedida a Eva foi que deveria parir filhos com dor. Isso, ela prontamente começou a fazer, chamando seu primogênito Caim. Ele cresceu e se tornou um lavrador de terras de acordo com a maldição que Deus lançou sobre Adão. Assim, em um sentido, Caim contraiu a maldição de seu pai, o primeiro exemplo registrado de pecados dos pais incidindo sobre os filhos.

O segundo filho, Abel, foi um pastor de animais. Aparentemente, isso era aceitável para Deus, assim como a morte de animais para alimento e sacrifício para Ele. Mas o fruto do campo, o fruto da maldição cumprida, não era aceitável para Deus. Caim, já rejeitado por compartilhar da maldição de seu pai, tornou-se violento porque seu sacrifício foi rejeitado duplamente. Essa é uma consequência regular resultante de um sentimento de afastamento de Deus. O ego, que só emerge em graus lentos desde sua identificação original com o Si-mesmo, corresponde na narrativa bíblica à experiência de nossos primeiros pais. No começo, estavam confinados no Jardim do Éden, inteiramente sozinhos com o Deus criador. Eram seus filhos, feitos à sua imagem, e se identificavam com Ele como os filhos sempre se identificam com seus pais.

A história do Gênesis é um mito do desenvolvimento do ego como um centro de consciência separada dos pais, um centro que a pessoa reconhece como ela. Por um ato de desobediência, a independência é conquistada, e esse é um passo definido na direção do ego-consciência. Isso é sentido como um ganho positivo, o que de fato é. Mas cada ganho positivo possui uma sombra negativa ou contraparte, e isso é sentido como afastamento do todo parental. Adão e Eva, e Caim após eles, sentiam-se alienados de Deus, objetos de seu desprazer e maldição. Em termos psicológicos, quando o ego se separa da totalidade do inconsciente, representado pelo lar parental, também se sente afastado. Como o velho *spiritua*[11] diz: "Às vezes, sinto-me como uma criança sem mãe, muito longe de casa".

Em um lamento assim, o indivíduo, isolado da fonte e origem do ser, anseia como uma criança por retornar ao abrigo e à aprovação do seio da mãe. Alguns, é claro, são mais robustos. Experienciam sua liberdade como desejável e se orgulham dela. Ainda assim, não estão livres da parte inferior da experiência que é sua inevitável contrapartida. Neles, o afastamento não produz meramente um sentimento de solidão e desânimo desesperançado. Em vez disso, reagem com raiva e ressentimento contra os pais, e com agressão e hostilidade contra seus pares. É provável que essa raiva seja especialmente expressa naqueles que nunca deixaram a casa dos pais, ou, tendo-a deixado, anseiam infantilmente por um retorno ao seu calor e segurança. Ninguém nos diz coisa alguma sobre o estado da mente de Adão e Eva após sua expulsão do Jardim, mas Caim, seu filho mais velho, foi evidentemente possuído por uma necessidade urgente, compulsiva, de ser aceito por Deus. Ele deu um presente apaziguador e, quando esse foi rejeitado, foi tomado de emoções incontroláveis – humilhação, frustração e raiva. As crianças que se sentem rejeitadas pelos pais podem sofrer de emoções similares. No nível subjetivo, o afastamento da fonte do ser, ou seja, de Deus, produz um sentimento de impotência que, em alguns casos, é seguido por colapso; em outros, produz em seu processo um orgulho injustificado e arrogante que inevitavelmente leva à hostilidade para com todos.

Há ainda outra causa de afastamento. Sempre que a humanidade faz ou descobre algo que anteriormente pertencia aos deuses, sentimo-nos como deus, capazes de subverter a lei da natureza. Quando Prometeu roubou o fogo do céu, invadiu o domínio dos deuses e infringiu suas prerrogativas. Em consequência, afastou-se deles e foi punido eternamente. Adão cometeu um pecado similar quando tomou o fruto da Árvore do Conhecimento e conquistou o poder de conhecer o bem e o mal. A húbris de Caim consistiu em aprender a fazer o que apenas Deus havia feito até aquele tempo, ou seja, aumentar a produção da terra com a agricultura.

Do ponto de vista das pessoas vivendo na natureza indomável, dependendo dos frutos e tubérculos selvagens para sua subsistência, o jardim de Caim, onde o alimento seria abundante, deve ter sido um verdadeiro paraíso. Deus dirigiu a humanidade à vastidão, e agora, aqui, era um novo paraíso sobre a terra. Caim deve ter parecido um deus; não admira que sofresse de húbris. Até hoje, sentimos que há algo perigoso em fazer algo que seja tão bom, ou antecipar um resultado favorável demais. Tememos incitar a fúria invejosa dos "deuses" – não dizemos Deus, mas batemos na madeira ou cruzamos nossos dedos no antigo gesto apotropaico contra o azar.

Quando o sacrifício de Abel foi aceito e o seu rejeitado, Caim ficou violentamente furioso e matou seu irmão. Com esse ato, incitou a ira de Deus sobre si. Deus o amaldiçoou e o conduziu à vastidão, onde não poderia colher os frutos de seu trabalho, o que deve ter aumentado consideravelmente seu sentimento de ofensa e injustiça. Mas Deus pôs um sinal sobre ele de modo que não pudesse ser morto; assim, é como se Deus se sentisse de algum modo responsável por esse homem, que, talvez, participasse de sua natureza de um modo que Abel não podia.

Caim foi punido por sua húbris, sendo afastado de Deus. Ele se tornou o inimigo do povo de Deus, evitado por eles como um assassino. Essa história pode ser considerada uma pseudo-história, ou, se a vermos como mito, podemos ver no encontro entre Caim e Abel um exemplo do mitologema dos "irmãos hostis" que encontraremos em muitas lendas seculares e religiosas. Do ponto de vista psicológico, essa é uma descrição da relação de um homem com seu irmão interior, sua sombra, aquela parte dele que ele desgosta e reprime. Considerada dessa forma, a história afirma que o ego consciente, representado por Caim, o irmão mais velho, "reprimia" seu outro lado, Abel, do modo mais violento, porque se sentia afastado de Deus devido à sua iniciativa bem-sucedida de cultivar a terra, uma iniciativa que não seguia a forma tradicional de vida, mas era uma inovação. Pois os deuses são sempre conservadores, e devem ser servidos do modo tradicional, de acordo com o ritual estabelecido pelos pais. Inovações são tabu na religião; parecem heresia. E, assim, Caim matou Abel, e por esse ato ficou mais afastado de Deus e dos humanos.

Isso se enquadra no tema psicológico do desenvolvimento da consciência na pessoa moderna. A expulsão do Paraíso é a primeira experiência de ser uma pessoa individual, um "eu", obtida por um ato particular não sancionado pelos pais. E é quase sempre uma experiência dolorosa. A pessoa jovem que se rebelou e agiu por iniciativa individual se sente isolada por um sentimento de culpa. É obrigada a fazer seu próprio caminho, primeiro na escola e, mais tarde, no mundo maior. Um homem que é bem-sucedido, que se casa e tem uma família, começa a se sentir muito homem. Ele diz: "O homem é o senhor de sua casa", "Querer é poder", e assim por diante. Mas, presentemente, quando ele começa a sentir seus poderes enfraquecendo, sua húbris tende a ser seguida por uma depressão. Nada parece ter o sentido antigo de importância. Com Salomão, ele diz: "Vaidade de vaidades, tudo é vaidade". Ele se encontra na vastidão onde, como Kierkegaard indicou, ele sofre de uma doença mortal.

Isso é o que podemos chamar o dano normal à imagem arquetípica do Paraíso, o reino paterno e materno, simbolizado não apenas pelo Jardim do Éden, mas também pela serpente do mundo, o ouroboros, que come a própria cauda. Kierkegaard afirma que essa é uma condição universal, seja a pessoa consciente ou não disso, pois todos devem inevitavelmente ficar separados, afastados do começo primal, a fim de adquirir uma consciência individual.

Contudo, em alguns casos, esse aspecto normal do mundo parental foi seriamente distorcido, e, portanto, a imagem interna que a criança tem dos pais sofre um dano patológico. Por exemplo, quando o pai e a mãe efetivos, que incorporam o papel dos pais primais – ou seja, do arquétipo parental – não cumpriram seu papel de um modo positivo, mas, talvez, tenham sido negligentes ou mesmo cruéis, deixarão impressa na psique da criança uma imagem parental destrutiva, resultando em sério trauma psíquico.

Para essas crianças, Deus não é um pai celestial, mas um Javé exigente e punitivo. Em consequência, são expulsas do Paraíso interno e se encontram na vastidão. Isso acontece não devido a alguma falta sua, mas devido ao dano patológico à imagem parental. Experiências desse tipo se encontram na raiz de muitos problemas de homens e mulheres modernos.

E, assim, vemos que o tema mitológico da separação dos pais tem vários aspectos, como seguem:

Primeiro, há a rebelião normal da criança, seguida pela luta do herói contra o arquétipo parental na forma de dragão ou monstro, representada no mito babilônico pela luta de Marduc contra Tiamat. Para emergir da dependência, a criança deve empreender essa batalha. Se bem-sucedida, resulta em um dano normal à imagem parental na psique da criança, e em uma inflação do ego. Com um resultado dessa vitória, a pessoa jovem se sente uma adulta que pode agora fazer exatamente o que quer, como, ao que parecia, os pais faziam anteriormente. Ou seja, o ego se torna onipotente aos seus olhos, e por isso a pessoa jovem é separada não somente dos pais efetivos, mas também do valor supremo do Si-mesmo. Essa é uma condição, ou complexo, muitas vezes chamada onipotência divina.

Na segunda situação, os pais não foram capazes de cumprir seus papéis adequadamente e, consequentemente, um dano patológico ocorreu à imagem parental na psique da criança. Nesses casos, o sentimento de ser ostracizado e isolado é naturalmente ampliado, de modo que as crianças começam a abrigar sentimentos de inveja e ódio em relação àquelas que consideram mais afortunadas. Esse é um acréscimo aos sentimentos injuriados de injustiça e ressentimento que é muito natural em todos os adolescentes. Quando essas reações são intensas e profundas, espera-se que as pessoas finalmente caiam em desespero. Quando o lar foi ruim e os pais foram violentos ou depravados, é prontamente compreensível que deve haver um resultado, mas a imagem parental também pode ser seriamente danificada por uma criança que foi fisicamente cuidada, mas que nunca experienciou o calor do amor real e o sentimento de valor que resulta de ser compreendida. Uma criança assim pode ser psicologicamente danificada, e pode se sentir discriminada, assim como a criança de um lar ruim. De modo que, aqui, também, temos de reconhecer um dano patológico à imagem parental.

Terceiro, há a pessoa que tem uma vida familiar normal, foi capaz de partir sem conflitos sérios, e encontrou um caminho pessoal no mundo. Ela inclusive conquistou uma considerável satisfação do ego, e, todavia, aproximadamente na meia-idade, se sente perdida em um deserto em que a vida perdeu seu sabor e nada importa. Talvez, possa gradualmente ficar claro que esse sentimento vem de ter sido isolada da fonte da vida, que flui de Deus – ou seja, surge das profundezas inconscientes da psique.

Gerhard Adler discute um caso assim em seu livro *O símbolo vivo*. Ele conta a história de uma mulher de dons consideráveis que em meio a uma carreira bem-sucedida desenvolveu uma neurose incapacitante e experienciou o que chamou "o vazio". Ela empreendeu uma exploração do inconsciente sob a orientação de Adler, e ele conta as experiências subjetivas que ela experienciou ao longo de sua análise, experiências que resultaram no que pode ser descrito como um renascimento de sua personalidade integral. As experiências que essa mulher teve, e os símbolos que apareceram em seus sonhos e fantasias, correspondem de um modo extraordinário ao material discutido no capítulo final deste livro.

Quando vemos a similaridade das experiências subjetivas das pessoas com vidas muito diferentes, não temos como não reconhecer que um padrão psíquico, um arquétipo, sublinha uma experiência como a da vastidão. É expressa não somente na história de Adão e Eva, mas em muitos outros mitologemas conhecidos.

Em suma, um dano normal à imagem parental ocorre em todos nós. Todos temos uma imagem inata, ideal de mãe e pai, bem como uma imagem arquetípica da criança como o centro da atenção dos pais – a desinibida e adorada, cheia de promessas e possibilidades nascentes [cf. OC 9/1, § 259s.]. Mas o inconsciente também contém imagens opostas de pais e crianças. "Pais" pode significar tirania, poder ilimitado e assim por diante, enquanto "criança" pode significar impotência e restrição. Esses aspectos negativos do arquétipo assumem proeminência indevida na experiência interna de algumas pessoas, uma condição que considero um dano à imagem arquetípica de pais e filhos.

Durante o desenvolvimento, a pessoa deve inevitavelmente romper o vínculo com os pais e o estado infantil. O estado polimorfo da criança deve dar lugar à parcialidade do adulto. Isso é muitas vezes sentido como uma restrição contra a qual muitas pessoas se rebelam. Elas se ressentem de seu "destino". Por que deveriam conter seus desejos naturais em vez de fazerem o que querem? Mas, para que haja efetividade deve haver restrição, assim como em nosso mito os deuses, para criar ordem, delimitaram seus caminhos. Se não houver restrição, então, há infinitas possibilidades. Mas o ente humano não é infinito, somente Deus o é, e se tivermos alguma relação com o infinito que é Deus, devemos conhecer e aceitar nossos limites. Jung indicou isso em sua autobiografia, onde diz:

> O sentimento do infinito... pode ser atingido somente se estivermos vinculados ao extremo... Em uma consciência assim, experienciamo-nos simultaneamente como limitados e eternos, como um e o outro. Ao sabermos que somos únicos em nossa combinação pessoal – ou seja, ao fim e ao cabo, ilimitados –, possuímos também a capacidade de nos tornar conscientes do infinito. Mas somente aí! (MDR, p. 325).

E, assim, pode chegar um tempo para a pessoa externamente bem-sucedida quando as limitações outrora aceitas se tornam muito restritivas. A vida se torna estéril e a pessoa fica cada vez mais rígida e pode ter um tipo de colapso.

Por vezes, isso ocorre como o resultado de experiências destrutivas na infância, quando, por exemplo, o vínculo com o lar e o amor parental nunca foi adequado. Nesse caso, danos patológicos ocorrem à situação arquetípica. Esses deveriam ser distinguidos daquelas situações mais usuais em que a pessoa tem de escapar da contenção e segurança do "bom" lar. É necessário um ato heroico para se rebelar contra a bondade, e a pessoa que tem de fazer isso sempre carregará uma carga de culpa. A criança de um lar disfuncional é poupada dessa parte da provação, mas, em vez disso, é sobrecarregada por arrependimento ou ressentimento. Em alguns casos, a criança é até mesmo a vítima de exigências ou desejos não naturais de um dos pais. Independentemente da forma que a experiência infantil assumiu, ela é separada de seu verdadeiro si-mesmo e dos valores mais importantes da vida. Com efeito, ela é separada de Deus.

A conscientização do estado de afastamento da pessoa do si-mesmo e de Deus pode não ocorrer até a meia-idade, quando as principais tarefas da vida externa foram cumpridas. Então, a insatisfação ou depressão provavelmente não poderá ser resolvida com um *hobby* ou novas experiências, por exemplo, com amor ou viagens. Esses são meramente expedientes que pessoas bem-sucedidas frequentemente tentam a fim de combater a condição depressiva tão comum na meia-idade. De fato, o problema só pode ser resolvido por uma busca pelo significado mais profundo da vida – ou seja, por um aumento da consciência. Isso tem de ser empreendido como uma tarefa, que envolverá uma jornada interior que muitas vezes se mostra uma verdadeira "noite escura da alma". No processo, o ego terá de ser sacrificado de modo que uma nova relação possa ser estabelecida com o "não eu" interno, uma realização invariavelmente acompanhada por uma experiência de graça.

5 Dano patológico à imagem parental

O mito babilônico da criação representa a história arquetípica do modo pelo qual a consciência gradualmente surgiu nas civilizações antigas. Demonstra claramente o grande conflito que a consciência emergente teve de empreender a fim de se libertar da retirada para o abismo caótico do inconsciente, chamado em nosso mito pelos nomes dos deuses primais – Apsu, o Abismo de Água Doce, e Tiamat, o Abismo de Água Salgada.

Como resultado desse conflito, dizem-nos, a humanidade foi criada e desenvolveu um ego separado capaz de uma certa medida de escolha livre. Mas, embora esse desenvolvimento tenha nos dado alguma liberdade, também significou termos de aceitar a responsabilidade por nossa vida e destino. Isso, naturalmente, envolveu-nos nos problemas de decisões externas e trabalho duro, mas – e essa se mostra uma dificuldade muito mais séria – colocou sobre nós também o problema da escolha moral. No desenvolvimento correspondente que deve ocorrer em todos nós hoje, para que sejamos verdadeiramente indivíduos, a habilidade de escolher envolve aceitar a responsabilidade por nossas decisões – pois os pais não representam mais a lei e não são mais responsáveis por sua execução.

Por "lei", aqui, não me refiro meramente ao código penal, embora parte da responsabilidade assumida por uma pessoa livre inclua uma relação correta com a lei, mas, em vez disso, à "lei das coisas como são" – a lei, por exemplo, segundo a qual o fogo queima, um objeto pesado se movendo a 80km/h possa matar ou ferir indiscriminadamente como um dragão arcaico. Essas são leis que devem ser respeitadas, e exigem uma atitude moral e responsável da parte de cada adulto.

Assim, quando as duas grandes potências do primeiro começo foram superadas pelas ações do herói, e seus poderes ou parte deles foram transferidos para os deuses mais jovens, Marduc imediatamente iniciou a tarefa de ordenar esses poderes criando leis para governar a conduta. A fim de salvaguardar os valores que transcendem desejos individuais, estabeleceu ritos e sacrifícios, que também serviram para apaziguar os deuses e torná-los favoráveis aos humanos. Essas potências que os povos antigos chamavam "os deuses" nos afetam sob a forma de pulsões instintivas oriundas do inconsciente que podem tanto nos ameaçar como nos nutrir.

O mito babilônico mostra como podemos e deveríamos nos tornar indivíduos. Quando houve alguma obstrução no curso normal do desenvolvimento, e a pessoa enfrenta dificuldades e procura ajuda na análise, se está na primeira metade da vida, essa história mostra de uma forma mítica qual deveria ser o objetivo da análise: que a pessoa jovem conquiste sua liberdade não apenas de seus pais, mas também da dominação de impulsos autoeróticos e infantis, a fim de se tornar adequadamente adaptada ao mundo.

A pessoa que conseguiu escapar dos pais deve ser guiada em suas atitudes e conduta não somente por planos e habilidades pessoais, mas também pelas leis não pessoais e costumes da sociedade. Além disso, deveríamos transcender valores, representados em nosso mito pela companhia dos deuses e pelo serviço devido a eles, ou seja, por uma atitude religiosa.

Por mais considerável que essa realização possa ser, não é, evidentemente, suficiente para todos, pois na meia-idade podem surgir problemas que exigem uma nova solução. Os elementos diversos na psique de uma pessoa podem produzir um grande conflito, ou partes desconhecidas dessa pessoa produzirão uma depressão, de modo que ela perde toda energia ou iniciativa – a vida, a vida exterior, deixa de ser desafiadora ou interessante. Quando isso ocorre, apenas uma reconciliação com os elementos opostos na psique pode reparar o conflito ou liberar as energias represadas. Isso só pode ocorrer pelo trabalho dirigido ao todo, que não pode ser realizado apenas pelo esforço consciente, pois o ego consciente é somente um lado dos elementos psíquicos que estão em oposição. Quando uma pessoa confronta dificuldades com a percepção que a análise pode trazer, um fator não racional no inconsciente pode vir para resgatar e produzir um novo símbolo do todo relacionado ao Si-mesmo.

O Si-mesmo é aquela Completude de cada pessoa que *O Evangelho da verdade* nos conta ter sido suprimida pelo Pai e que permaneceu em seu poder quando a parte terrena da humanidade foi extraviada pelo Erro. Os humanos foram seduzidos pelas ilusões que o Erro produziu e abandonaram o Pai, perdendo, assim, a conexão com a Completude. Disseram-nos que só podemos nos tornar um todo novamente redescobrindo a Completude que permaneceu com o Pai: "É uma grande coisa que lhe falta, pois lhe falta aquilo que o completaria" (Grobel, 1959, p. 56)[11].

---

11. Esse é um dos códices descobertos em Nag Hamadi, no Egito, em 1945, e mais tarde publicado como parte de *The Jung codex*.

Anteriormente, foi indicado que na relação infantil com a condição paradisíaca, a pessoa se sentia inteira por ser identificada com o todo do Jardim. O Jardim do Éden é um símbolo da contenção e nutrição do mundo mãe-pai, e no inconsciente – de adultos e de crianças – esse estado favorecido é representado pela imagem parental, e, em particular, pela imagem da Mãe, que, então, contém e representa o valor do todo e do Si-mesmo. O Jardim também representa a Alma, a Amada – "Um jardim cercado é a Amada", como diz o Cântico de Salomão (4,12) –, mas para a criança, e muitas vezes também para o adulto, a Amada e a imagem da mãe se fundem. Além do valor do Si-mesmo, essa imagem está imbuída da qualidade numinosa da deidade.

A relação da criança com a mãe efetiva tem um efeito profundo sobre seu desenvolvimento, pois ela atua como o fator "evocador" para a imagem materna arquetípica. Consequentemente, o aspecto do arquétipo maternal que afeta a psique é determinado pela experiência particular que a pessoa tem da mãe. Erich Neumann indica isso em seu ensaio "The significance of the genetic aspect for analytical psychology" [A importância do aspecto genético para a psicologia analítica], onde diz:

> A estrutura transpessoal e atemporal do arquétipo, arraigado na psique especificamente humana da criança e pronta para o desenvolvimento, deve, primeiro, ser liberada e ativada pelo encontro pessoal com um ente humano (Adler, 1961b, p. 41).

O arquétipo da mãe representa e contém o todo da criança, e para ela a mãe pessoal é a incorporação do arquétipo. Quando a mãe pessoal é adequada à sua tarefa e a criança se desenvolve normalmente, adquirindo lentamente independência e competência no mundo, ocorre uma separação gradual entre o valor arquetípico e a pessoa da mãe. Ela é substituída por outros portadores do valor inconsciente – uma professora, talvez, ou alguma mulher mais velha. Mais tarde, esse valor pode ser incorporado em uma portadora não pessoal por meio de uma experiência religiosa. Igreja Mãe, Virgem Sagrada ou Cristo em seu papel de Bom Pastor podem cumprir essa função para alguns, e na experiência pessoal de outros, visões ou sonhos podem apresentar essas ou outras imagens como símbolos de um valor que não podem ser compreendidos pela consciência sob qualquer outra forma.

Infelizmente, nem sempre esse padrão de desenvolvimento interno gradual é seguido, e a depreciação de símbolos religiosos que ocorreu para tantas pessoas em tempos modernos os abandonou em um mundo dominado por valores do ego, sem guia ao longo do caminho para desenvolvimento posterior. Essa condição é especialmente prevalente entre aqueles cuja infância foi difícil e perturbada, mas é comum também entre aqueles cuja relação com seus pais foi normal e satisfatória, pessoas que foram capazes de fazer uma boa adaptação no mundo exterior, mas permaneceram vinculadas aos valores da família. Essas pessoas parecem estar livres, mas quando surge um problema de deveres conflitantes, um envolvendo as exigências da família, e outro, as exigências do Si-mesmo, podem ser lançadas a um estado devastador. Expectativas familiares prescrevem claramente o que devemos fazer. Um sacrifício inquestionável dos interesses da pessoa no serviço do dever filial é considerado obrigatório.

De um ponto de vista, isso pode ser certo e razoável. Todos temos obrigações para com nossos pais e família, em reconhecimento pelo seu cuidado e proteção durante nossos primeiros anos. Essa é uma dívida que jamais podemos pagar a *eles*, mas somente em nossa relação com uma geração mais jovem. Se olharmos para a ética da situação de um ponto de vista, podemos concordar que devemos sacrificar nosso caminho para cuidar de nossos pais em seu tempo de necessidade. Mas o Si--mesmo pode exigir um tipo diferente de sacrifício. As palavras de Cristo: "Aquele que ama pai ou mãe mais do que a mim não é digno de mim" (Mt 10,37) não podem ser negligenciadas. Mas a decisão de seguir seu próprio caminho pode envolver um tipo mais elevado de moralidade do que a obediência à lei. Pois cabe a nós descobrir se nosso impulso para seguir nosso caminho, viver nossa vida separada, é uma desconsideração egoísta das exigências de outros, ou se é verdadeiramente um sacrifício do ego e seu vínculo com a família no serviço do Si-mesmo.

Independentemente do que decidamos, o resultado provavelmente deixará claro se a escolha foi eticamente correta ou não. E, como Jung observa, não podemos escapar às consequências de nossa escolha:

> O julgamento moral sempre está presente e traz consigo consequências psicológicas características. Indiquei várias vezes que, como no passado, o erro que cometemos, pensamos ou intencionamos se vingará em nossas almas no futuro (MDR, p. 329).

Mas, quando o pai e a mãe pessoais não incorporam mais o valor e a autoridade da imagem arquetípica, a pessoa é obrigada a tomar uma decisão pessoal quanto ao curso correto de ação para ela; e, assim, dá um passo na direção da descoberta do todo único.

Esse é o segundo passo na tarefa do herói. Se uma pessoa consegue escapar do poder envolvente e confinante dos pais, e especialmente da mãe, será livre, é verdade, mas, a menos que assuma a responsabilidade de usar o poder construtivamente para produzir uma adaptação no mundo, essa será uma vitória pirrônica. Uma adaptação adequada ao mundo exterior deixa ainda outro problema mais sério. Pois, ao se separar dos pais, e, particularmente, do arquétipo parental, a pessoa se tornou uma entidade livre, mas perdeu a conexão com o todo. O ego é, por assim dizer, um excerto. A pessoa é livre, mas há um perigo de que essa liberdade possa ser somente outro modo de estar perdido.

No passado, os símbolos da religião serviram para relacionar a pessoa aos valores supremos anteriormente incorporados pelos pais. Mas, para muitos hoje, a religião é somente uma formalidade externa, ou não há ensinamento religioso algum, não havendo assim símbolos adequados por meio dos quais possamos nos relacionar com o todo do qual todas as coisas provêm. Cedo ou tarde, todos buscamos um novo símbolo para conter os valores inconscientes do arquétipo parental, caso não estejam permanentemente perdidos, deixando-nos à deriva em um mundo estranho. É como se a imagem arquetípica tivesse sido danificada na psique da pessoa, não pela luta do herói pela liberdade, mas por meio de experiências que danificaram a imagem interna ou impediram seu funcionamento satisfatório. Como Neumann indica, a imagem materna ativada na criança pode ser danificada

> pela perda ou perturbação do fator "evocador", a mãe pessoal, que se encontra em sua personalidade, ou nas perturbações no mundo que ela representa. Perturbações como fome ou doença são igualmente perturbações do desenvolvimento normal garantido pela pessoa da mãe, e a falha da mãe, por razões externas, em alimentar, proteger e compensar, leva a uma derrota na evocação pessoal do arquétipo da mãe, com todas as consequências desastrosas que envolve (Adler, 1961b, p. 41).

Quando parte desse condicionamento ocorreu, a pessoa permanecerá internamente vinculada à imagem parental, mas em um sentido negativo em vez de positivo. Na verdade, o vínculo pode ser ainda mais poderoso, uma vez que o ódio pode ser mais forte do que o amor. A mesma pessoa pode abrigar uma imagem inconsciente da "mãe" sob sua forma mais ideal, inteiramente não controlada pela realidade. Uma pessoa condicionada desse modo tende a ser apanhada em uma rebelião infrutífera, enquanto ao mesmo tempo anseia pelo amor parental e se agarra a uma imagem interna de um pai ou mãe ideal à qual ninguém poderia corresponder. Externamente, a pessoa combate os pais reais e a imagem parental em toda parte, projetada em um ente humano ou talvez em uma instituição, tornando-se uma daquelas que Neumann caracterizou "as lutadoras" – pessoas que estão sempre em rebelião, mas que nunca conquistam uma vitória definitiva, seja sobre os pais ou sua infantilidade.

Essa é uma situação patológica, e chamei também o dano resultante à imagem psíquica interna de um dos pais – ou seja, a imagem parental arquetípica – "patológico". Pode ocorrer em casos individuas como resultado de experiência infantis traumáticas, mas descobrimos que também envolvem gerações inteiras como resultado do colapso da religião e da desintegração de costumes sociais que ocorreram de um modo tão difundido no século XX.

Nesses casos, o processo de reparação ou reconstrução tem de começar mais atrás, por assim dizer, do que naquelas pessoas que tiveram um bom começo psicológico. A imagem falsa ou danificada tem, primeiro, que ser dissolvida, de modo que a imagem arquetípica do todo – ou seja, de Deus como Pai –

possa ser restaurada em seu aspecto saudável. A dissolução da imagem negativa corresponde à fragmentação ou *solutio* do rei do qual os alquimistas falam, e sua reconstrução corresponde à sua ressurreição sob forma purificada. Isso naturalmente ocorre por meio da projeção da imagem parental positiva em um ente humano, por exemplo em uma analista, com quem uma relação de confiança pode ser estabelecida. Como Jung indica, "'O que foi estragado pelo pai' somente por outro pai poderá ser restaurado, e, 'o que foi estragado pela mãe', somente por outra mãe pode ser reparado" (OC 14/1, § 226).

Somente pela experiência de uma relação positiva com um dos pais, ao menos sob a forma simbólica, com todas as emoções pertencentes a esse "retorno ao lar", uma pessoa pode começar a aceitar o poder doador de vida da imagem arquetípica. Desse modo, a pessoa pode ser libertada do espírito negativo e ressentido, esse demônio que a possui e impede o uso saudável das energias. Somente então ela pode parar de desperdiçar tempo em conflitos externos infrutíferos, quando o que está de fato envolvido é um inimigo interno, espiritual ou psicológico. Essa é uma tremenda tarefa em si, e pode levar meses de trabalho analítico antes de ser realizada, mas quando é, a pessoa experiencia um sentimento de bem-estar e de vida renovada, um sentimento de graça e criatividade, de estar finalmente no *tao*.

Cedo ou tarde, contudo, como a pessoa mais favoravelmente situada, a pessoa renovada terá de se libertar do anseio de repousar na felicidade e segurança da relação parental recém-descoberta. Pois, ao menos que esse passo seja dado, a pessoa jamais encontrará o valor supremo de uma experiência individual da imagem de Deus provindo de sua psique. Permanecerá uma criança, cujo valor supremo é depositado em outro ente humano ou em um símbolo de um dos pais que incorpora a imagem do todo.

E, assim, embora signifique interromper a continuidade do tema, penso que seria melhor considerar esse segundo problema primeiro. Então, quando tivermos visto como um dano psicológico como esse pode ser reparado, poderemos continuar com nosso tema principal, ou seja, o problema da natureza da nova forma na qual o arquétipo supremo se manifesta quando o ouroboros parental foi cindido e a pessoa se independizou dele. É realmente necessário um herói potencial para seguir um curso de ação desses, pois a maioria das pessoas está contente em permanecer infantil, dependente da sociedade ou de alguma organização para sustentá-las.

Mesmo quando a experiência dos pais pessoais foi negativa, no fundo do inconsciente ainda se encontra a imagem dos pais arquetípicos em seu aspecto protetor, junto ao anseio correspondente na criança de ser amada e cuidada. Quando mais tarde na vida os pais efetivos se voltam aos filhos pedindo e esperando auxílio, pode parecer que agora por fim os pais se tornarão amáveis porque necessitam. A criança agora crescida ouve o chamado para sacrificar os interesses pessoais e ir em sua assistência, não só porque o dever exige, mas também devido à possibilidade de garantir seu amor.

Esse é um lado da figura, e o milagre pode ocorrer. Mas nem sempre funciona assim. Pois, quando a imagem arquetípica do pai e da mãe foi então cindida em duas na psique da criança em função da experiência infantil, é provável que um retorno à família no papel de benfeitora ou cuidadora resulte em servidão renovada e consequente amargura. Em casos assim, não há mediador adequado para se posicionar entre o frágil ego-consciência do ente humano e a terrível, espantosa e fascinante experiência do *numinosum*[12]. Apsu e Tiamat, abismos caóticos de água, produzirão turbulência emocional se um padrão familiar que foi destrutivo no passado é invertido sem uma mudança interna prévia ter ocorrido nas pessoas envolvidas.

Não são somente aqueles que passaram por experiências traumáticas na infância que sofrem de um dano à imagem arquetípica. Há muitos outros que também se encontram perdidos em um mundo solitário e aterrorizante. Aqueles que não tiveram ensinamento ou experiência espiritual na juventude não têm no que se segurar; a vida perde seu sentido. Ao longo dos tempos os meios pelos quais a humanidade fez uma conexão entre o ego pessoal e as forças da vida que dominam os mundos interior e exterior foram fornecidos pela religião e pelas práticas religiosas. Isso é ensinado no mito babilônico, onde lemos que a humanidade foi criada com o único propósito de servir os deuses. Os mitos da criação, contudo, não são apenas histórias; eles estão preocupados com a evolução da consciência. Elas constituem uma história de consciência, como Neumann indica em sua *History and origins of consciousness* [História e origens da consciência], que lida com o desenvolvimento da cultura humana.

Esse aspecto do problema pode na verdade ser estudado como história. Mas esse ramo particular da história não é meramente a história dos acontecimentos passados que, por mais importantes que possam ter sido, foram vividos e estão terminados, como podemos assumir, suas realizações tendo se tornado a posse permanente da humanidade. Isso é assim em

---

12. Para Rudolf Otto (1958), a palavra *numinosum* é usada para descrever a intensidade emocional espantosa comum a todas as religiões, independentemente de cultura ou seita [N.E.].

um sentido limitado, pois as culturas declinam, o barbarismo se reafirma e as realizações dos ancestrais têm de ser conquistadas novamente por seus descendentes. E isso é inevitável, pois as realizações da raça são conquistadas por pessoas e, a menos que cada conquista seja restaurada pela nova geração – ou, podemos dizer mais verdadeiramente, pelas pessoas de cada geração – a base que foi salva do caos cairá novamente no caos, assim como a terra cultivada limpa por nossos ancestrais se tornará novamente devoluta a menos que seja constantemente cuidada.

Essa mesma lei permanece na luta contra o inconsciente. O que foi conquistado por nossos ancestrais remotos, cujas explorações iniciaram a raça humana em sua longa jornada para a cultura, deve ser conquistado novamente por cada geração e por cada pessoa que segue o caminho do herói. É verdade que uma sociedade pode ser governada pelos cânones da cultura estabelecidos pelos ancestrais heroicos e preservar por um tempo, ao menos em alguma medida, o que conquistaram por esforço individual. Mas uma sociedade consiste de pessoas, e, a menos que um número suficiente delas experiencie novamente para si a luta contra o inconsciente e emerja com o seu – o seu mesmo – valor individual, as verdades descobertas pelos ancestrais degenerarão em convenção e dogma mais ou menos sem sentido. Quando mesmo esses rituais ultrapassados são negligenciados ou esquecidos, e os pais nada têm para os substituir, as crianças crescem carentes de uma conexão essencial com os arquétipos poderosos que controlam a vida. No caso daqueles que não foram sequer amados e aceitos pelos pais, essa carência é ainda mais desastrosa.

Em casos assim, a relação da criança com os pais arquetípicos, bem como com a mãe e o pai efetivos, é seriamente perturbada, ou, dito de outro modo, a criança experiencia os arquétipos parentais como pais negativos. O resultado pode ser um sério dano à individualidade da criança, originando uma neurose ou uma doença psicológica mais séria. Ou a pessoa, se dotada de uma constituição mais forte, pode lutar por sua liberdade por pura determinação. O filho ou filha podem conquistar alguma liberdade e a habilidade para funcionar mais ou menos satisfatoriamente no mundo externo, mas podem terminar enfrentando muitos problemas.

A transição para a vida adulta é particularmente difícil para crianças assim, e, usualmente, envolve repressões debilitantes. Ordinariamente, essa transição ocorre sem sérias dificuldades – ou assim supomos, e, talvez, assim tenha sido no tempo em que havia pouca perturbação na ordem estabelecida e Deus ainda estava "em seu céu". Mas, hoje, para muitas pessoas, Deus não está mais no céu, nem sequer em sua igreja. Dificilmente podemos esperar da geração criada sem ensinamentos espirituais que resolva os problemas irresolvidos que seus pais lhes legaram.

Em casos assim, uma análise psicológica tem de vasculhar por trás do problema da dependência infantil nos pais efetivos. Na verdade, é provável que a pessoa não seja conscientemente dependente dos pais, mas possa ser agressivamente autossuficiente. Contudo, por trás de sentimentos negativos para com os pais, a pessoa provavelmente abrigue expectativas infantis sobre os pais ideais. Assim, a primeira tarefa é desencobrir essas ilusões nas quais a pessoa está envolvida como uma criança. Os jovens perturbados da geração atual são muito conscientes de suas dificuldades, e muitas vezes se desesperam devido a elas. Mas, até que as ilusões inconscientes tenham sido trazidas à consciência, a reconstrução da imagem parental danificada não pode iniciar.

Um estudante universitário, que vinha bem em seu primeiro ano e na primeira parte do segundo, obtendo bons resultados e fazendo amigos, começou a declinar em seu trabalho. Era incapaz de se concentrar e percebeu que estava correndo o risco de fracassar. Ao questioná-lo, descobri que todo seu incentivo o havia abandonado. Não conseguia trabalhar, lembrar do que havia aprendido, e muitas vezes não conseguia se forçar a ir às aulas. Enquanto isso, passou a negligenciar seus amigos e outros interesses. Quando lhe perguntei o que fazia com seu tempo, não soube me dizer. Apenas se sentava, ou ficava na cama até tarde no dia, e depois se sentava até tarde da noite sem fazer coisa alguma. Após uma investigação mais aprofundada, admitiu que havia repentinamente se dado conta da situação mundial e se apercebido, pela primeira vez, da ameaça da bomba atômica. Se o mundo seria aniquilado a qualquer momento, não podia ver sentido em viver. Sua ansiedade foi refletida em sua perda de energia. Seus sonhos eram extremamente caóticos, com visões de terror, de esforço inútil, de luta sem objetivo, usualmente interrompidos sem resolução. Ou ele acordava aterrorizado, sem poder recordar do sonho que o despertara.

Na verdade, o que ocorria era que o arquétipo da ordem, incorporado pelas gerações anteriores na certeza de que o mundo era governado pelo Pai Celestial, não era mais operativo para ele. Ao deixar o lar parental, viu-se enfrentando o vazio, e a experiência minou-o completamente.

Hoje, a imagem arquetípica útil foi fragmentada para toda uma geração. Esse é um dano patológico, não o normal infligido pelo herói em seu esforço por se libertar. A questão diante de nós é: o que ocorre ao arquétipo quando sua imagem predominante foi arruinada.

Qual será a consequência para o cenário mundial eu, naturalmente, não posso me aventurar a prever. Mas tenho visto uma boa quantidade de casos em que esse problema teve de ser enfrentado e, em muitos desses, os efeitos da agitação mundial foram agravados por situações familiares infelizes. Pois, nos casos mais difíceis, os pais também perderam suas crenças religiosas e estão perturbados. Não possuem estabilidade interna para dar aos filhos e, com muita frequência, sua perturbação se expressa em irritabilidade ou em uma indiferença oriunda da resistência profunda para enfrentar seus problemas.

Em casos assim, a imagem arquetípica do Pai-criador espiritual legislador e da Mãe doadora de vida e sustentadora parece nunca ter sido adequadamente formada na psique da criança; ou, talvez, a imagem inata tenha sofrido um dano tão mortal, devido à ausência do cuidado parental, que não possa servir como uma mediadora entre a pessoa e o abismo caótico do "tempo antes do começo", para usar a frase sugestiva de nosso mito. A pessoa pode, então, sentir-se órfã, excluída do círculo familiar como nossos primeiros pais foram do Éden. Esse sentido de rejeição pode se espalhar a todo aspecto da vida, deixando a pessoa incapaz de se conectar adequadamente numa base afetiva com pessoa alguma. À deriva em um mundo hostil, a pessoa não vê símbolo reconciliador que possa restaurar um sentimento de irmandade com outras.

O que pode ser feito? Uma pessoa vem buscar ajuda sentindo uma estranha em todo grupo. É muito difícil lidar com pessoas assim. Por vezes, parece que há alguma verdade em suas afirmações de que outras não são boas com elas, e, na verdade, essas não são usualmente pessoas muito agradáveis. São desconfiadas, exigentes e frequentemente bajuladoras; ou podem ser difíceis, agressivas e facilmente insultadas. Em ambos os casos, bondade da parte de quem a aconselha, tentativas bem-intencionadas de lhes mostrar onde sua atitude as impede de fazer amigos e assim por diante, raramente ajudam. O dano está muito arraigado. Pois, quando a imagem arquetípica dos pais sofreu um dano sério, o padrão pelo qual a pessoa se relaciona com outras foi evocado de uma forma negativa. Como, então, esse dano pode ser reparado? A imagem arquetípica pode ser reconstruída?

Esse é um problema muito comum nos casos individuais, e indiquei que também se encontra no topo de muitas de nossas perturbações sociais. Pois, embora a falha dos pais humanos seja a causa imediata do mau desenvolvimento da criança, a dificuldade fundamental resulta de uma falta de conexão com os pais arquetípicos, que é muito mais profunda. A prevalência desse problema está diretamente conectada com a falta de experiência religiosa. Pois os símbolos da religião se tornaram, em muitas circunstâncias, tão depreciados que não servem mais para relacionar a pessoa aos poderes portadores de energia do inconsciente coletivo. Consequentemente, a pessoa é privada de seu sustento doador de vida, enquanto ainda se encontra à mercê de seu poder destrutivo.

Um longo caminho terá de ser percorrido para lidar com esse problema. Usualmente, não é praticável contar a história dessa jornada interna. Mas uma mulher sob meus cuidados fez uma série de desenhos para ilustrar seus sonhos e fantasias inconscientes, e esses retratam de forma objetiva o modo pelo qual o dano psíquico em sua imagem interna dos pais arquetípicos foi reparado.

O próximo capítulo trata da jornada de reparação dessa mulher.

6 Reparando a imagem parental

Nora era uma mulher de meia-idade. Era casada e bem-sucedida profissionalmente. Mas tinha alguns problemas sérios centrados na convicção de que todo tempo estava de algum modo "fora do círculo", como ela dizia.

Ao longo de sua análise, contou-me sobre o incidente que iniciara seu sentimento de estar "fora do círculo". Quando criança, por volta dos 4 anos, foi a uma festa. Em um determinado momento, encontrou-se sozinha com um menino com a mesma idade, e de forma infantil se envolveram em um jogo sexual mútuo, possivelmente não mais que uma investigação para satisfazer sua curiosidade sobre como o outro sexo era constituído. Ao retornarem para a sala de estar, viram que ocorria um jogo num círculo. Quando a menina estava prestes a romper o círculo para entrar no jogo, um dos adultos a interrompeu, querendo dizer com isso que ela deveria esperar até que o jogo terminasse. Mas ela interpretou o gesto como significando que o que estava fazendo era um pecado tão grave que não poderia se juntar às outras crianças.

Ora, essa é uma coisa muito peculiar sobre experiências sexuais infantis. Nesse caso, nada houve além de se despirem juntos, sem contato físico de fato. Ninguém jamais lhe dissera, até onde pudesse lembrar, que esse jogo fosse indecente ou "mau" – uma palavra que jamais poderia ouvir sem ter uma reação excessiva. Mas, mesmo assim, a ação acidental do adulto foi mais que suficiente para despertar nela a consciência dormente do instinto sexual e sua proibição.

Um episódio assim poderia ser danoso para qualquer criança sensível. Em seu caso, foi excessivamente traumático, porque deu forma ao sentimento de rejeição da criança que de fato tinha raízes anteriores e mais profundas, pois o lar do qual vinha não era feliz nem emocionalmente seguro. O pai era um camarada despreocupado que gastava a maior parte de seu dinheiro bebendo com seus amigos em um bar, enquanto a mãe era deixada em casa para fazer o serviço e cuidar dos filhos. Ele era autocomplacente e preguiçoso, cuidando apenas de seu conforto. Por vezes, acariciava e brincava com sua filhinha, mas, imediatamente após, a dispensava friamente. Ela nunca sentia qualquer segurança com ele, mas o amava muito porque era alegre e, ao menos às vezes, amável.

O caráter da mãe era exatamente o oposto. Ela, pobre mulher, era severa, fria e puritana, não poupando críticas ao seu esposo incompatível, mesmo diante dos filhos. Na verdade, ela fez de Nora, sua única filha, sua confidente, queixando-se de que seu pai gastava todo seu dinheiro com outras mulheres, e assim por diante. Nora amava seu pai porque era alegre e glamoroso, enquanto respeitava sua mãe e dependia dela, que, contudo, era distante e séria para com ela, obviamente favorecendo seu filho, o qual sempre mimava. Havia muitas discussões barulhentas entre os pais, as quais naturalmente aumentaram sua sensação de insegurança. Nessas épocas ambos os pais tentavam trazê-la em suas disputas, de modo que se sentia impelida em duas direções.

Essa situação é representada em seu primeiro desenho (Figura 4), no qual vê os pais representados como montanhas, ou duas partes da mesma montanha que foram cindidas, em suas palavras, por algum "cataclisma pré-histórico", enquanto um rio corre pela ravina abaixo.

Nora disse: "A figura esticada entre as montanhas sou eu. O penhasco à direita representa meu pai – mas não meu pai real". O da esquerda representa a mãe. A rocha do pai estava na primavera radiante, com árvores, flores e animais. A rocha da mãe estava na escuridão impenetrável. Era abismal e sem forma. "Mas", ela disse, "fui esquecida por ambos os pais e ambos necessitavam de mim. Eu era puxada e quase dilacerada".

Figura 4. Rocha Mãe / Rocha Pai / Puxa, Puxa...

Essa figura nos diz mais do que Nora pode dizer sobre ela? Em outras palavras, é apenas uma tentativa de desenhar sua situação como vista na consciência, ou merece o termo de "desenho inconsciente"? Ou seja, a figura a conhece mais do que ela?

A primeira coisa que notamos é que, embora obviamente a analisanda estivesse muito preocupada com sua dificuldade, o desenho que produziu era pouco mais do que um rabisco. Não mostra cuidado nem intensidade. Isso poderia sugerir que sua preocupação era muito mais com seu desconforto pessoal do que com encontrar a causa de seu problema. Não há evidência de uma atitude realmente séria ou religiosa, uma condição que se tornará mais clara à medida que a história prossegue.

O pai e mãe efetivos eram pessoas, não duas muralhas de montanhas. Essa é uma figura da imagem parental arquetípica, mas, devido à divisão da situação familiar, o todo complementar que os pais deveriam representar – fazendo do lar um receptáculo seguro para a criança imatura – foi partido por um "cataclisma pré-histórico", como disse Nora, significando que a divisão ocorreu antes de sua história pessoal começar, ou seja, antes que se tornasse consciente. Os pais não representavam duas partes de um todo para ela; em vez disso, são opostos separados, em conflito entre si.

É óbvio que Nora, quando criança, não preenchia essa lacuna no vão das montanhas, tampouco poderia reparar a brecha entre seus pais. Pois, na verdade, ela estava tentando não somente unir seus pais, mas também reparar um dano sofrido pela imagem arquetípica do todo profundo dentro de sua psique inconsciente. Esse dano tinha de aparecer, ou tinha de ser constelado, devido à divisão no lar. E, como ela não recebeu ensinamento espiritual quando criança, não havia símbolo disponível para carregar a imagem do Deus-Pai ou da Deusa-Mãe, que em casos normais é mediada para a criança por seus pais. Se a imagem ou símbolo de Deus lhe tivesse sido apresentada, ela poderia ter tido, mesmo quando criança, e ainda mais provavelmente quando adulta, um meio que teria servido para levá-la, além da frustração pessoal em casa, a uma relação com a fonte da vida no inconsciente.

Nora disse que estava sendo afastada pelas exigências ou necessidades de seus pais. Mas a figura nos conta uma história diferente, ou ao menos sugere uma visão diferente da situação. Montanhas não puxam. Ela é a única pessoa na figura e obviamente está puxando; ou seja, é sua necessidade dos pais, os pais ideais, o Grande Pai e a Grande Mãe arquetípicos, que ameaça despedaçá-la, pois seus pais não podiam mediar essa necessidade instintiva.

O fato de que é ela mesma que puxa é ainda mais claramente demonstrado em uma fantasia que a obcecou de tempos em tempos, por quase toda sua vida. Nela, ela era uma criança de pé entre dois pinheiros, tentando com toda sua força dobrá-los juntos de modo que seus topos se encontrassem. Aqui, novamente, ela estava tentando unir seus pais, simbolizados pelos pinheiros. Essa tarefa não parece tão impossível quanto a outra, mas está obviamente além de suas forças. O símbolo dos pinheiros também não é tão inumano quanto o das montanhas. Montanhas são feitas de rocha; são inanimadas, imóveis, enquanto o pinheiro é, afinal, vivo. Ele frequentemente aparece como um símbolo da Deusa-Mãe. Mas, como o mito de Átis, o pinheiro no qual se enforca representa a mãe que não permitiu seu filho deixá-la. As Deusas Montanhas, contudo, não estão de modo algum envolvidas com os entes humanos; mas, como Annapurna, a Mãe Deusa dos Himalaias, permanecem para sempre remotas em seu esplendor gelado. Elas são invioláveis, e quem quer que se aproxime delas perecerá.

Após essa figura ter sido discutida, seguiram-se vários meses de análise nos quais os problemas atuais de Nora foram explorados, muitas vezes com a ajuda de sonhos. Seu progresso foi intermitente. Por vezes, progredia, e, após, regressava para sua antiga atitude de ressentimento e autopiedade, quando sua relação com sua analista sempre experienciava uma mudança para pior. Ela ficava desconfiada, por vezes sugerindo que eu era hostil para com ela. Mas, gradualmente, ela se deu conta de que ao tentar reconciliar seus pais entre si havia mergulhado em seus conflitos adultos, que não lhe pertenciam, e, assim, negligenciado seu mundo infantil.

Ela, de fato, perdera o contato consigo. Uma pessoa, com certeza, não pode culpar uma criança por tomar uma atitude assim e basear nela a adaptação de sua vida, ainda que tenha seus efeitos ruins. E, na verdade, essa mulher se encontrava compulsivamente desempenhando o papel de pacificadora em cada situação de conflito que enfrentou mais tarde na vida, correspondendo às suas tentativas da infância de unir seus pais. Mas ela permaneceu muito inconsciente do fato de que seus esforços muitas vezes pareciam intrusivos para seus amigos, que, então, naturalmente *tentavam* mantê-la "fora do círculo", pois nada ali era da sua conta.

Quando Nora se apercebeu de que não tinha mais de desempenhar esse papel, experienciou um grande sentimento de alívio, esperando ao mesmo tempo ter relações melhores e mais amigáveis com seus conhecidos. Então, ela teve o seguinte sonho – ou, melhor, esse é o modo como ela o contou quando lhe perguntei alguns meses mais tarde se poderia usar seus desenhos para uma palestra:

> Um homem veio e me disse que podia voar para a lua e voltar em três horas e meia, simplesmente usando seu *kilt* como asas. Eu lhe disse que pensava que seria melhor se ele encontrasse um ponto firme na terra.

Quando consultei meus antigos registros, encontrei uma certa discrepância em sua última descrição do sonho. Não acho que Nora tenha intencionalmente mudado o sonho. Acho que a mudança foi muito inconsciente e é uma indicação da própria coisa da qual trata o sonho. Esse foi o sonho como ela originalmente escreveu:

> *Sonho de um homem voando para a lua*. A cena ocorreu em uma casa, provavelmente a minha. Um homem do qual eu gostava muito e vice-versa conduzia uma orquestra. Eu queria me juntar a ela, mas ele disse: "você não está pronta". Então, ambos fomos para outra sala. Ele usava uma vestimenta que me lembrava o *kilt* de um soldado romano. Saia com pregas e uma jaqueta moderna. Ele disse com raiva: "Sou capaz de voar para a lua e voltar, mas aqui, na terra, tropeço em uma estrada suja".
>
> Perguntei-lhe como conseguia voar e quanto tempo levava. Ele me mostrou o movimento de suas pernas. Esse e a saia preguada eram o motor, que o levavam para a lua. Ele levava três horas e meia. Achei que sua vestimenta era inadequada para a viagem, e o motor que ele usava não era factível de modo algum. O tempo de voo era muito curto. Contudo, não duvidei realmente da verdade de sua afirmação.
>
> A razão para não duvidar foi que ele já tinha realmente ido e voltado, e que sequer tinha me ocorrido duvidar disso. Tampouco me ocorreu que eu pudesse ter expressado meus pensamentos. Achei que esse não era meu papel.

Em sua memória posterior do sonho, Nora disse o que deveria ter dito na situação do sonho, uma mudança que poderia ter se devido ao desejo de dizer a coisa "certa". Ou é possível que a diferença realmente reflita uma mudança interna de atitude ocorrida no intervalo.

Há vários aspectos interessantes da figura que ela desenhou do homem voando no sonho (Figura 5). Tem uma autenticidade maior do que a primeira figura. Nora estava evidentemente "na" experiência e, assim, fez um desenho mais forte.

Figura 5

O homem que lidera a orquestra obviamente representa seu *animus*. Ele está conduzindo a música, que se refere à função do sentimento, mas lhe diz que ainda não está pronta para tocar também; ou seja, seu sentimento extravertido não é genuíno. Então, ele mostra seu caráter como *animus*, ou seja, que ele está à vontade no inconsciente – ele pode voar para a lua –, mas na terra ele tropeça e não consegue.

Nesse momento, Nora não tinha aceitado inteiramente o fato de que havia assumido a responsabilidade de seu problema. Ela ainda estava inconscientemente culpando seus pais por suas dificuldades e assumindo que de algum modo a vida deveria reparar sua perda. Ela ainda estava inclinada a assumir que a compreensão intelectual poderia trazer a "cura" necessitada. E, assim, sem seu sonho, seu *animus* tentou convencê-la de que poderia resolver a dificuldade para si por meio de um feito impossível, ou seja, imediatamente sair voando da terra sem ajuda externa. Claramente essa é uma fantasia gratificante. Em sua última recordação do sonho ela disse que, quando o teve, sabia que isso não funcionaria. Seu problema não poderia ser resolvido voando para a lua, e, na verdade, o *animus* não se ofereceu para levá-la com ele, de modo que mesmo que ele pudesse conseguir esse feito ela seria deixada para trás. Isso envolveria uma cisão nela. No inconsciente, ela imaginaria estar livre, mas na realidade ainda sofreria com seus problemas.

Proverbialmente, ir para a lua ou gritar para a lua significa ansiar pelo impossível. No sonho de Nora o *animus* disse que era de fato capaz de fazer isso. A lua representa o princípio Eros. Ela é a morada da Deusa-Mãe, que governa o amor e os relacionamentos. Se o *animus* conseguir chegar à lua, então, na vida real, Nora se sentiria acima de tudo, segura na lua, de onde poderia olhar para todas aquelas pessoas ignorantes sobre a terra, pegas nas dificuldades, e sentir pena delas. O problema resultante da falta de amor em sua infância seria magicamente resolvido.

Logo depois, Nora teve um sonho no qual havia recém se casado, embora não houvesse noivo no sonho, e subitamente tenha se apercebido de que era um casamento falso. Conduto, sua mãe, que estava presente, garantiu-lhe ser legar porque havia "pago a quantia adequada".

Estar casada significava a união do ego consciente com o inconsciente, um passo na direção do todo. Aqui, contudo, não há noivo, nenhum representante do *animus* inconsciente. Sua mãe – que não tinha sentimentos reais – diz que uma união assim pode ser comprada pelo pagamento de uma taxa. Essa é, novamente, uma atitude totalmente errada.

O sonho continuou e Nora se viu em uma festa, presumivelmente a recepção de casamento. Mas estava sozinha. Todos, exceto ela, haviam encontrado um parceiro e partido. Ela ficou muito infeliz e queria ir até sua mãe, "ao menos para estar com ela". Então o sonho mudou e subitamente ela estava comigo, sua analista. "Houve um abraço mútuo. Ternura fluía entre nós de uma para a outra. Você me parecia diferente, afetuosa e viva." Anteriormente, ela me considerava fria e distante. Agora descobre em seu sonho que não era eu quem era fria, mas ela.

Na verdade, o sentimento que ela habitualmente expressava não só para mim, mas também para seus amigos e conhecidos, não era um sentimento genuíno. Era meramente um hábito, um artifício do *animus*, destinado a atrair carinho e afeição. Essa era uma atitude muito fria, um fato do qual era certamente muito inconsciente. Essa frieza havia sido projetada para (ou espelhada em) sua analista. Mas quando, no sonho, ela reconheceu sua necessidade e infelicidade e buscou sua mãe, "ao menos para estar com ela", imediatamente a analista apareceu e foi vista como amável e terna.

Em Nora, a imagem arquetípica da Grande Mãe foi danificada em função de sua experiência infantil de sua mãe pessoal; assumiu o aspecto da frieza que havia de fato experienciado, e isso foi projetado em mim. Mas, quando Nora mudou sua atitude, a imagem da mãe apresentou uma face diferente para ela. Certamente, sua mãe de fato não foi mudada pelo sonho, nem eu. Foi a relação emocional de Nora com a imagem arquetípica da mãe que mudou, de modo que pudesse expressar sentimentos reais em relação à analista, ao menos no sonho.

Na noite seguinte, ela teve um sonho no qual estava em um hotel com seus pais. Eles estavam prestes a deixar o hotel. Todos estavam prontos, menos ela. Ela não conseguiu fazer sua mala porque não a encontrava. Ela entrou em pânico, correndo à volta, chorando e gritando, completamente transtornada. "O sentimento predominante", disse ela, "era que tivesse de realizar algo que não era capaz de fazer. O esforço e o desespero eram indescritíveis".

Esse sonho trouxe a memória de um incidente que havia ocorrido quando ela tinha cerca de 12 anos. Ela havia ido para as montanhas com seus pais num feriado, quando subitamente foi acometida por apendicite aguda. Eles foram para casa em busca de ajuda médica. Foi um longo caminho até à estação de trem e eles chegaram antes que o expresso chegasse, de modo que foram ao restaurante lanchar. Quando o trem chegou, seu pai quis terminar sua refeição, embora Nora estivesse com muita dor. Devido a essa demora, eles perderam o trem e tiveram de esperar várias horas por outro. Quando finalmente chegaram em casa, Nora teve de ser levada com urgência ao hospital para uma operação de emergência. E, assim, esse sonho recorda a falta de amor que experienciou quando criança, não somente de sua mãe, mas mais ainda de seu pai autocomplacente.

A situação do sonho é um pouco diferente, pois nele ela está lutando para realizar uma tarefa que na realidade é perfeitamente simples e comum, ou seja, fazer sua mala. Mas, no sonho, isso parece impossível e produz uma quantidade irrazoável de emoção e pânico. Um sonho figurando frustração desse tipo usualmente indica que o propósito consciente da pessoa é oposto por uma influência muito forte em outra direção. No sonho, Nora é incapaz de reunir suas coisas, e, assim, enfrenta um dilema. Ou fica, reúne suas coisas e deixa seus pais partirem sem ela, ou as deixa para trás e parte com eles.

Estou inclinada a pensar que, nesse caso, suas coisas representam o que realmente lhe pertence, enquanto a escolha que tem de fazer é de ir com seus pais – ou seja, permanecer como uma criança, perdendo, assim, uma parte de si – ou deixá-los ir sem ela, a fim de que possa encontrar o que realmente lhe pertence como pessoa.

Essa série de sonhos foi seguida, na verdade, pelas primeiras impressões de afeição e confiança genuínas para comigo, sua analista, e ela inclusive obteve uma indicação para compreender os valores internos que sua relação com sua analista envolviam. Uma semana depois, ela teve um sonho de autodedicação e a aceitação da morte, e esse foi seguido por um sonho do nascimento de um bebê, no qual ela ofereceu "uma prece de agradecimento e de autorrendição". A aceitação da morte naturalmente não significava morte física. Simbolizava a morte ou rendição do ego. E o nascimento do bebê representava a chegada de um novo si-mesmo, talvez, mesmo de um precursor do Si-mesmo com "S" maiúsculo, organizando o centro da psique.

Foi nesse ponto que Nora me deu a versão incorreta do sonho no qual o *animus* alegava ser capaz de voar até à lua. Ela contou ter dito ao homem no sonho que pensava que era melhor ele permanecer no chão, o que não era o fato. Essa é uma parte do autoengano que certamente teria consequências desafortunadas. Na verdade, quase imediatamente ela caiu em uma regressão. Todo seu antigo ateísmo cínico voltou, junto a uma grande desconfiança tanto de sua analista como do processo analítico. Então, seguiram-se sonhos nos quais voava.

A imagem parental e o desenvolvimento da consciência

Alguns dias mais tarde, em uma visão, Nora encontra os dois penhascos de montanha da fantasia anterior, e novamente se vê puxada de cada lado. Ela o descreve assim:

> Mas, agora, o puxão da mãe era mais forte. Eu era puxada para seu lado. [Evidentemente, a experiência de sentimento e confiança para com sua analista, transiente como tinha de ser, continuou a atuar no inconsciente.] Fui do brilho do sol externo para a escuridão interna [Figura 6]. Lá, na escuridão impenetrável, vi minha mãe sentada. Ela havia coberto sua face com as mãos e estava chorando. Ajoelhei-me ao seu lado e disse: "Não chore, mãe. Vou ficar com você".

No sonho anterior, ela disse que queria encontrar sua mãe devido à sua necessidade de estar com ela. Assim, as coisas ficaram um pouco misturadas aqui: não é claro qual das duas necessita da outra. O sonho continua:

> Subitamente, grandes olhos verdes vêm em minha direção na escuridão. É uma cobra enorme que se enrola ao nosso redor até estarmos completamente cercadas por ela, como uma torre sobre uma sepultura.

Figura 6

Essa cobra grande é o inconsciente em sua forma materna, o ouroboros, e tanto mãe como filha são envolvidas em seu abraço. A questão de quem está puxando agora é respondida: há uma atração instintiva mútua e uma identificação entre elas. Elas estão muito indiferenciadas e formam uma unidade mãe-filha. São apenas dois aspectos do feminino eterno. Uma situação assim significa a perda completa de toda a individualidade. Mas essa mulher deu ao menos os primeiros passos para o desenvolvimento individual por meio de sua análise. Assim continua a fantasia:

> Então, eu estava de pé diante da torre de cobras, sem saber o que fazer. [É como se ela estivesse ao mesmo tempo dentro e fora do ouroboros. Isso significa que ao menos uma parte dela está agora fora da identificação com sua mãe.] Subitamente, Dr. H e Dr. X [uma analista anterior] estavam perto de mim, um de cada lado. Cada um coloca um braço sobre meus ombros e nós nos aproximamos do dragão [Figura 7].

É como se, com a ajuda das duas pessoas que compreendiam seu problema e lhe ofereceram ajuda desinteressada, ela pudesse ser capaz de confrontar o problema arquetípico que era a causa de sua neurose.

A próxima fantasia mostrava as montanhas novamente (Figura 8). Mas agora a montanha mãe se tornara verde, e há um bosque de pinheiros em suas encostas inferiores, mostrando que o lado feminino da vida não é mais uma escuridão misteriosa e inescrutável; havia se tornado belo e acolhedor. No cume da montanha se encontra uma igreja, mostrando que Nora está começando a se dar conta de que seu problema com a mãe e seu anseio pelo amor materno é fundamentalmente um problema religioso, que deve ser resolvido através de uma relação com um valor suprapessoal.

A imagem parental e o desenvolvimento da consciência 173

Figura 7

Figura 8

Em vez de sua figura infantil esticada, como que crucificada, entre as montanhas, ela viu uma figura do Buda, envolvido em uma figura circular. Era realmente mais como uma figura do que a imagem de uma pessoa ou estátua. Parecia estar flutuando no meio do precipício. No início, ela pensava que certamente o Buda, o iluminado, seria capaz de reparar a brecha que separava as montanhas, e essa seria a resposta para seu problema. Ela adotaria sua atitude de desapego e tudo estaria bem. Mas, então, lembrou que em uma ocasião anterior me dissera que a atitude de renúncia e não identificação do Buda era a realização mais elevada possível. Ao que respondi que isso poderia ser assim, mas tínhamos de começar bem onde estávamos. Se ainda somos pegos nos desejos e pulsões emocionais, não estamos desidentificados, e não é bom tentar basear uma solução para nossas vidas apenas em uma liberdade ilusória como essa. Devemos construir sobre o chão. Não podemos construir um arranha-céus começando no quinquagésimo andar, mas somente de uma profunda fundação na terra. Adotar a atitude de Buda seria equivalente à imagem anterior de voar para a lua.

Assim, ela olhou para seu desenho novamente, decidiu descartar o buda fantasma e a fantasia de resolver o problema se identificando com ele. Em sua imaginação, ela, então, construiu uma ponte rústica ao longo do precipício. Mas isso também era apenas uma fantasia do desejo, pois, quando tentou cruzar o precipício em sua ponte, sentiu como se as montanhas estivessem se aproximando para esmagá-la.

Então, em sua fantasia, as massas de montanha se chocaram. A ponte foi esmagada e ela foi jogada no abismo (Figura 9). Para sua surpresa, não morreu, mas se viu de pé em um quadrado de cor preta abaixo das montanhas. O rio agora corria através de um túnel que penetrava as montanhas (Figura 10). Outra coisa que observou: agora, ela não era mais uma criança, mas uma adulta. O lugar onde estava de pé era escuro e ela ainda sentia o poder esmagador do movimento das montanhas, pois, embora os picos tivessem se juntado, era como se seu ímpeto pudesse transbordar e esmagá-la. Assim, em sua fantasia, ela correu por um dos caminhos, que somente agora viu que ligava as montanhas. Ela se escondeu atrás de um pinheiro, apoiando-se em seu tronco. Então, as montanhas colidiram uma na outra, produzindo um clarão de fogo, como um relâmpago, que queimou e se apagou (Figura 11).

Figura 9

Ela retornou ao local anterior para olhar, quase em desespero, perguntando-se como poderia atravessar essa barreira de montanhas. Então, ocorreu-lhe que, se percorresse um dos caminhos, seria capaz de escalar a montanha e continuar sua jornada. Ela decidiu seguir o caminho "mãe". Desse modo, pela primeira vez em sua vida, Nora aceitou o fato de que era realmente uma mulher e tinha direito aos seus instintos femininos.

É desnecessário dizer que essa foi uma experiência importante e libertadora, mas não resolveu o maior problema de se sentir uma estranha. Para isso, outra experiência era necessária, e, após algum tempo, os sonhos e fantasias recomeçaram. Uma vez mais ela viu a região escura no pé das montanhas. Era noite e ela estava do lado errado do rio. Teria de atravessá-lo se quisesse escalar a montanha "mãe". E não havia um modo de atravessar. Então, ela viu um cavaleiro em uma armadura reluzente chegar e se ajoelhar diante da montanha "pai" (Figura 12), como se tivesse se apercebido que não poderia subjugá-la atacando-a diretamente e então ele estava rezando, implorando que não obstruísse o caminho. Mas a montanha permaneceu como uma pedra imóvel. Nem sua espada nem suas preces tiveram qualquer efeito sobre ela.

Então, o cavaleiro desapareceu e ela se encontrou diante da rocha, empurrando-a (Figura 12), tentando tirá-la do caminho apenas com sua força física, mas, é claro, ela era impotente para fazer isso. E não só *ela* estava empurrando a rocha, mas uma grande figura feminina nebulosa que estava atrás dela a estava empurrando na direção da rocha. Aparentemente, essa é a mesma figura colossal feita pela serpente que se enrolou em torno dela e de sua mãe em uma das fantasias anteriores. Ela não sentia que essa figura a estava ajudando em seus esforços para mover a rocha; em vez disso, sentia que estava sendo esmagada entre as duas forças. "Estava desesperada", contou-me, "porque não era capaz de mover a rocha e ainda havia a pressão que vinha de trás". Na verdade, ela temeu ser inteiramente esmagada.

Assim, ela foi finalmente capturada, empurrada por sua natureza feminina, que recentemente tinha aceito, aqui representada pela figura feminina que parece tão grande e implacável por jamais ter sido incorporada adequadamente por ela em uma pessoa humana. Ela foi pega entre essa figura e a rocha, representando o pai, que lhe parecia o *fiat* do deus do Antigo

Testamento. Ela não podia superar o poder masculino nem lidar com ele de um modo feminino. E, também, não podia mais atravessar a dificuldade, como repetidamente tentara no passado, por uma fuga do *animus*, pois agora o fato de já ter aceito sua feminidade a mantinha no chão. Ao menos se apercebeu de que soluções da fantasia não funcionariam, que o que necessitava era de uma solução *real* baseada na realidade.

Figura 10

Figura 11

Figura 12

Figura 13

A imaginação ativa continuava:

> Subitamente, um raio atingiu a rocha e a despedaçou [Figura 14]. Uma voz disse: "Você está livre, se o quiser". Então, um sentimento terno fluiu através de mim. Ajoelhei-me e disse: "Não me deixe sozinha. Eu amo você". A torre respondeu: "Estarei dentro de você. Haverá alguém ajudando você". A imagem brumosa se desfez no chão e, em seu lugar, a Dra. Harding estava lá [Figura 15]. Ela

disse: "Venha, ajudarei você a cruzar o rio. Leve um pedaço da rocha com você, uma que esteja marcada pelo raio. Ela orientará você".

E aí terminou a fantasia.

Essa foi, obviamente, uma experiência muito importante, e devemos examiná-la em detalhe, pois representa a solução da primeira parte da busca de Nora. Os alquimistas chamavam isso o "trabalho inferior" que resulta na formação da "substância branca" ou a "Rainha Branca", que representa o feminino ou o valor Eros. Para um homem, a Rainha Branca representaria a *anima* em seu aspecto real; para uma mulher, significa a chegada à consciência de sua natureza feminina. Isso corresponde ao desenvolvimento do que chamei o Eros-mulher, para distingui-lo do estágio anterior no desenvolvimento da personalidade de uma mulher, quando ela vive sua feminidade inconscientemente e, assim, personifica o ideal de mulher para o homem e se adapta à vida como se fosse a *anima* do homem [Harding, 2001, esp. cap. 1].

Na fantasia de Nora, ela está uma vez mais no lado "pai" do rio, e se defronta com a montanha-pai. Isso, claramente, não é apenas um símbolo de seu pai, mas é, em vez disso, uma manifestação do Pai, o Deus Jeová masculino que avulta sobre ela, bloqueando seu caminho. Em sua vida efetiva, ele se apresentou como a causa de suas dificuldades no mundo externo, e mais especialmente impediu qualquer crença confortante em Deus como amigável ou útil. Na verdade, em um de seus maus humores, Nora repetidamente declarou que não havia Deus nem espírito divino no universo nem na psique. Consequentemente, em sua fantasia, Deus lhe aparece como uma montanha imóvel e ameaçadora. Pois é inútil negar que exista um poder criador e controlador da vida. Manifestamente, há. Não importa do que o chamemos, há sem dúvida uma força criativa no universo e dentro de nós. Assim, essa fantasia dizia respeito ao problema de superar sua concepção errada. Ela estava completamente bloqueada, não podia prosseguir. Mas um cavaleiro em uma armadura reluzente apareceu como se para resolver o problema para ela.

Figura 14

Figura 15

Essa foi a terceira vez que uma saída mágica para seu dilema foi proposta pelo advento de uma figura *animus*. A primeira foi o homem que se ofereceu para voar até à lua e voltar; ou seja, ele sugeriu que *ela* poderia voar para a lua, domínio do princípio Eros, ou que *ele* poderia, o que significaria que ela adquiriria valores femininos através do *animus*. Isso, obviamente, não resolveria o problema, e ela lhe mostrou que seria melhor que permanecesse no chão – um conselho que foi compelida a seguir mais tarde em sua fantasia. Então, quando ela se encontrou ainda tentando sem sucesso preencher a lacuna entre os mundos pai e mãe, fez uma figura do Buda, cujos ensinamentos de desidentificação pareciam oferecer uma saída. Mas, quando tentou se separar de toda emoção, descobriu que o isolamento que estivera todo tempo no centro de seu distresse só se aprofundou. E, agora, quando, uma vez mais, foi defrontada com esse problema aparentemente insolúvel, um cavaleiro numa armadura reluzente chegou.

O cavaleiro seria a personificação do espírito valente da era da cavalaria, uma figura-herói cristã. Mas sua espada e seu escudo eram inúteis contra uma montanha. Em outras palavras, o tipo de religião, a atitude para com o mundo espiritual da Idade Média não é útil na sua situação. Na época dos cavaleiros, a parte inconsciente da psique era projetada nos céus e as forças do inconsciente eram hipostasiadas. Naquela época, Deus e os anjos e demônios eram entidades vivas, realidades metafísicas que ninguém questionava. Mas para uma mulher moderna com uma inclinação cética, uma solução assim seria tão fútil quanto uma espada de papel alumínio contra uma montanha. A única indicação que a aparição do cavaleiro lhe deu sobre o modo correto de abordar seu problema foi que ele se ajoelhou. Quer dizer, ele adotou uma atitude reverente quando se apercebeu de que a força era inútil. Ela seguiu a indicação e, em outra figura (não reproduzida aqui), ela é retratada se ajoelhando.

Após isso, Nora *se* encontrou enfrentando a grande rocha, como se percebesse que não poderia resolver seu problema por intermédio de alguém, mas deveria assumir a tarefa pessoalmente, despida de todas as defesas e agressões do *animus*. E deveria enfrentar a provação em toda sua vulnerabilidade feminina. Mas não era mais uma montanha que a desafiava; era uma rocha, enorme, é verdade, mas menor que uma montanha. De modo que sua atitude de humildade e reverência para com o que a rocha incorporava – o Deus-Pai desconhecido – tivera o efeito de reduzir o tamanho e a ameaça da montanha.

Nesse ponto na fantasia a montanha mãe apareceu sob a forma de uma figura escura e nebulosa que a empurrava para atacar a rocha. Mas ela, pequena e frágil, era incapaz de movê-la, mesmo que fosse empurrada – ou não poderíamos dizer, apoiada? – pela montanha mãe. Anteriormente, ela havia sido partida pela ação das duas montanhas. Agora, parecia que seria esmagada entre elas. Isso não sugere o tempo todo que sua atitude tivesse algo a ver com a forma pela qual os arquétipos parentais se apresentavam a ela? A atitude de Nora havia mudado materialmente durante seu trabalho analítico, e, correspondentemente, o problema, ou a imagem arquetípica na qual foi representada, também tinha mudado.

Ela não poderia lidar com essa forma da experiência de mãe e pai de tamanho enorme, imóveis e adamantinos, sem uma forte ajuda. Anteriormente, ela era uma vítima passiva, agora, ela tentava exercer seu poder pessoal e um era tão fútil quanto o outro. A rocha pai, na verdade, não se mexeu. Mas algo aconteceu que *ela* não causara: a rocha foi despedaçada por um raio.

Penso que isso significa que, quando ela pudesse aceitar suas limitações humanas e parasse de tentar resolver suas dificuldades por meios mágicos ou pelo poder do ego, ocorreria um lampejo. O espírito não visto e não reconhecido, cuja própria existência tinha tantas vezes negado, apareceu. Mas não foi ela quem foi destruída por sua atitude arrogante. Não, o raio atingiu a rocha e a despedaçou. Sua concepção do espírito divino da vida como um pai tirânico foi despedaçada por um lampejo sobre sua verdadeira natureza; ou poderíamos dizer que o raio representa um clarão de compreensão, ou um arroubo de emoção, que rompeu sua identificação com o pai e a liberou da dominação do Deus semelhante a Jeová por meio de uma experiência devastadora e dolorosa (OC 9/1, § 533).

Mas observe que ela não foi deixada sozinha em seu distresse, tampouco foi deixada sem orientação. Pois permaneceram alguns fragmentos de pedra marcados pelo raio. Disseram-lhe para que pegasse um pedaço e que ele a guiaria. Esse pedaço da rocha representaria o núcleo de sua experiência que tinha a marca da emoção profunda e dolorosa, bem como o impacto do momento de lampejo que lhe ocorreu em um clarão. Disseram-lhe que dessa pedra, dessa memória, ela deveria cuidar.

Ao mesmo tempo, o megálito mãe se desmanchou e foi substituído por uma figura humana. A mãe pedra se tornou humana – uma figura feminina correspondente à própria feminidade da sonhadora. A montanha pai, em contraste, foi substituída por um espírito flamejante, correspondendo à natureza espiritual do verdadeiro *animus* da mulher. A figura feminina que tomou o lugar da montanha mãe não era sua mãe efetiva, tampouco sua analista em quem ela projetou o valor materno, embora parecesse ter sua forma. Pois a voz que falou dela prometeu estar *dentro* dela, guiando-a e ajudando-a. É obviamente a voz daquele valor feminino incorporado primeiro por ela em sua mãe e depois projetado em sua analista. Mas lhe disseram que esse valor deveria agora funcionar nela, como um guia e companheiro interno. Enquanto isso, a grande imagem adamantina externa se dissolveu, deixando a figura da analista como um ente humano comum – verdadeiramente um ente humano comum, todavia capaz de agir como guia durante toda essa longa transição.

Há outro ponto interessante aqui. Quando Nora foi pela primeira vez para a montanha mãe, sendo empurrada pela força maior, ajoelhou-se ao lado da mãe e disse: "Nunca deixarei você", como se fosse a mãe de sua mãe. Agora, a situação é inversa. É ela que ora: "Não me deixe. Amo você". E a voz responde: "Estarei dentro de você". Não com você, mas *dentro* de você! É essa mesma voz interior que lhe disse para pegar como seu guia um pedaço da rocha marcado pela experiência flamejante. Essa se tornaria um tipo de pedra de toque que lhe diria o que era verdadeiro e o que era falso, e em qualquer conflito ou incerteza ela poderia e deveria consultá-la. Pois onde o fogo estiver – ou seja, onde no futuro sentir um clarão genuíno de emoção e uma presença numinosa – é para onde terá de ir, independentemente de ser conveniente ou não, e independentemente de ser difícil, doloroso ou impopular, pois ali está a estrada marcada pelo espírito do Deus verdadeiro. Do mesmo modo, Jesus falou em um de seus ditos apócrifos: "Quem está perto de mim está perto do fogo".

Na vida efetiva, isso significaria que, sempre que Nora estivesse em dúvida, essa pedra marcada por um espírito incandescente e numinoso a guiaria. Ela deve buscar dentro de si as indicações marcadas por esse tipo de intensidade. Elas podem vir como desejo, anseio, ou, talvez, como medo ou alguma outra emoção. Essas lhe permitirão descobrir qual impulso vem do Si-mesmo e qual vem do ego ou de alguma obrigação convencional, ou, possivelmente, de algum desejo infantil ou indolente.

Quando surge um conflito de dever dentro de uma pessoa, ela deveria tentar descobrir onde se encontra o valor numinoso e segui-lo. Por exemplo, as expectativas da família e as exigências interiores da pessoa podem colidir e parece não haver como dizer qual obrigação deveria ser aceita e qual deveria ser recusada. A lealdade à família, talvez a necessidade de um dos pais idosos, pode impelir a pessoa a abandonar sua vida, mas se a pedra flamejante mostra claramente que, para seguir o chamado do Si-mesmo, a pessoa deve deixar a família, então mesmo esse dever sagrado deve ser posto de lado. Pois, se a pessoa volta à família com o que Erich Neumann (1971, p. 48, 112) chamou "compaixão ilícita", seu altruísmo derrotará sua responsabilidade sagrada. Psique, quando buscava o tesouro do mundo subterrâneo, foi avisada a desconsiderar todos os apelos à sua compaixão, e devemos seguir seu exemplo. Mas só podemos desconsiderar apelos à nossa caridade na busca pelo tesouro do Si-mesmo. Desconsiderá-los meramente para satisfazermos nossos desejos egoístas e autoeróticos não levará à salvação, tampouco à recuperação do tesouro; levará somente à morte espiritual.

E, assim, Nora ouviu que uma decisão verdadeira só poderia ser feita pela pedra de toque do raio, a experiência numinosa. Sem ela, a pessoa faria bem em seguir a orientação dos conselheiros mais sábios que encontrasse. Pois crianças não podem tomar a estrada para a individuação.

Essa série muito instrutiva de sonhos e fantasias mostra como a imagem parental arquetípica, que foi seriamente danificada nessa mulher, foi restaurada ou reconstruída pela experiência da análise. Em sua relação com sua analista ela encontrou uma ponte para a experiência interna da Grande Mãe que lhe traria os valores de Eros e a renovação de sua vida; e, também, substituiu a terrível imagem do Deus semelhante a Jeová por um *insight* espiritual que lhe serviria como guia em seu caminho.

Assim, a primeira parte da tarefa estava pronta. O dano patológico à imagem parental havia sido restaurado, e Nora estava agora em uma posição de reconstruir sua relação com as pessoas e com o mundo externo. Resta saber se esse grau de desenvolvimento se mostraria suficiente ou não para satisfazer as necessidades dessa mulher. Ela não estava mais sob a compulsão de sua relação negativa com os pais, e não se sentia mais excluída de todo grupo humano acolhedor, mas, é claro, isso não significa que viveria "feliz para sempre", como em um conto de fadas. A experiência interna tinha de ser reparada na vida efetiva.

Contudo, uma experiência como essa é, em certo sentido, definitiva. Nora jamais poderia ser a mesma novamente. Talvez, um dia, venha o chamado para que realize a próxima tarefa de encontrar uma relação individual com o valor numinoso que lhe foi revelado. É esse grande trabalho, ou opus, que Jung chamou o processo de individuação[13].

---

13. "O opus consiste em três partes: ver, suportar e agir. A psicologia só é necessária na primeira parte; na segunda e na terceira partes o papel principal cabe à moral" (*Cartas*, vol. 1, p. 379) [N.E.].

7 A volta para casa

No capítulo precedente, vimos como o dano subjetivo causado a Nora por suas experiências infantis havia afetado a imagem dos arquétipos da Mãe e do Pai em sua psique. Ou seja, para ela, o aspecto ontogênico, pessoal, das imagens arquetípicas foi danificado ou perturbado. Vimos também que, como resultado de sua análise, esse dano foi gradualmente reparado e imagens positivas substituíram as danificadas.

Contudo, algo mais foi realizado pela análise, pois os símbolos que surgiram na última série de fantasias não eram simplesmente os do pai e da mãe humanos amorosos, subitamente restaurados, como se ela fosse uma criança novamente. Se fosse assim, ela teria sido deixada em uma condição de dependência infantil em relação à sua analista, como uma mãe substituta, e esse não foi o caso. O símbolo da Mãe como uma personificação da sabedoria feminina dentro dela, e o do Pai como uma pedra marcada por um raio de modo que contivesse um espírito, eram numinosos. Eles produziram nela uma sensação de liberdade e autonomia interna que jamais experienciara. Como resultado desses eventos profundamente comoventes, Nora se tornou, pela primeira vez em sua vida, verdadeiramente um indivíduo.

Para recapitular, ao longo de sua análise, dois processos haviam ocorrido em Nora simultaneamente. Ela gradualmente passou a ver que a falta de uma relação adequada com uma figura materna positiva era a causa das dificuldades em suas relações com outras pessoas. Ela se apercebeu de que a falta de uma relação com outros não poderia ser superada por esforço consciente, tampouco poderia ser adequadamente compensada pela identificação com o *animus*. Sua insegurança interna, aumentada por seu sentimento inconsciente de culpa, que surgiu do jogo sexual na infância, resultou em seu afastamento de sua natureza feminina, a fonte de sentimento e conexão. Isso provocou uma séria deformação em seu caráter. Significava que, em vez de basear suas relações humanas em sentimento genuíno, agia conforme ideias do *animus* sobre comportamento feminino.

Mas uma *ideia* de sentimento é o oposto do sentimento real, e, portanto, afastava em vez de unir. Essa conscientização não foi meramente intelectual, embora a compreensão fosse uma parte necessária do processo. A conscientização foi muito mais profunda do que isso, envolvendo todo o seu ser. Como resultado dessa mudança, ela foi capaz de renunciar à forma antiga de funcionar por meio da magia do *animus*. Mesmo a magia "branca", representada pelo cavaleiro na armadura reluzente, mostrou-se impotente diante do obstáculo em seu caminho. Mas, quando experienciou um verdadeiro momento de conversão, então, as coisas mudaram, como por milagre, não efetuado pela magia do *animus*.

Enquanto essa mudança ocorria, outra também estava ocorrendo sem a qual a transformação interna teria sido impossível. Essa mudança mais profunda dizia respeito à sua relação com sua analista, em quem havia projetado a imagem arquetípica da mãe, enquanto também a reconhecia como indivíduo. A relação da sonhadora com sua analista havia sido muito ambivalente no início; por vezes, positiva, por vezes, desconfiada e mesmo hostil. Mas, gradualmente, isso mudou. Ela se tornou capaz de desistir da atitude do *animus* e aceitar sua feminidade. Como resultado, sua relação com sua analista se estabilizou, e ela descobriu que poderia aceitar seus sentimentos de amor em relação a ela sem exigir que a analista devesse amá-la primeiro ou do modo particular que ela desejava.

A imagem dos pais arquetípicos que dominara a psique de Nora de uma forma negativa e destrutiva foi superada. Em seu lugar, ela experienciou não somente as imagens parentais positivas em sua relação com seus dois analistas – um, homem; outra, mulher –, mas também aprendeu na imaginação ativa final que esse valor não vinha da analista, mas de um elemento orientador e protetor que agora funcionava dentro dela. Ela tinha, afinal, encontrado e reconhecido a Grande Mãe dentro dela e, ao mesmo tempo, sua feminidade como um valor a ser apreciado e no qual podia confiar.

Uma transformação assim corresponde à culminância do mito de Demeter e Cora, quando a jovem, a Cora, representada por Perséfone, a filha, torna-se Demeter, a deusa maternal madura que reviverá o mito com uma nova Cora. Um processo similar é mostrado nas figuras nas paredes da câmara de iniciação na Vila dos Mistérios em Pompeia, como mencionado antes. No caso de Nora, essa transformação ocorreu em sua análise.

A imagem do pai, também, foi transformada. Essa é a psicologia de uma mulher, de modo que enquanto a imagem pétrea da mãe havia se tornado humana, a imagem do pai havia mudado de um modo diferente. A rocha que o representava foi despedaçada por um raio, e um fragmento da rocha foi marcado pelo fogo do céu. Disseram a Nora para levar essa pedra consigo como guia. O pai havia, portanto, se tornado espírito, mas espírito ainda incrustado em pedra. Isso significa que a assimilação do espírito em sua psique não foi realizada completamente, e a reconciliação com Deus como Pai – ou seja, em seu aspecto como o espírito masculino positivo, ou Logos – ainda era representada para ela pela pedra marcada, em vez de lhe vir como uma voz interna. Mas o fragmento, como a voz da fantasia lhe disse, agiria como uma pedra de toque pela qual poderia determinar o que era verdadeiro e o que era falso no domínio espiritual. E, assim, Nora não necessitaria mais depender do *animus* produtor de magia como guia.

O dano patológico que a imagem parental sofreu nessa mulher foi reparado. A imagem arquetípica dos pais foi reconstruída e a luta do herói por libertação dos pais positivos estava agora à sua frente. O caminho estava aberto para o próximo passo em seu desenvolvimento, ou seja, a busca por um novo símbolo que pudesse representar e conter o valor supremo que não lhe era mais comunicado pela imagem parental.

Esse próximo passo envolveria inevitavelmente um novo dano à imagem arquetípica, correspondendo àquele infligido pelo jovem que se liberta a fim de partir em sua aventura adulta. Mas esse é um dano normal. Pois, obviamente, quando não há mais uma criança, então, o *papel* dos pais é nulificado. O valor da imagem parental transmitida, e sua energia, devem ir a outra parte e encontrar uma nova expressão. Essa necessidade lembra a afirmação de Cristo sobre a nova revelação que trouxe: "Nem homens colocam vinho novo em garrafas velhas: do contrário, as garrafas quebram, e o vinho é derramado..., mas eles colocam vinho novo em garrafas novas" (Mt 9,17). A antiga forma da imagem parental é inevitavelmente danificada pelo crescimento da criança, mas esse dano é necessário e normal, e o ato de desobediência da criança, correspondente à superação dos pais pelo herói, é a *felix culpa*, o crime afortunado.

Em sua busca por individuação, Nora conseguiu isso. Ela agora teria de dar o próximo passo, que a libertaria da dependência do apoio emocional e da sabedoria de sua analista. Essa tarefa corresponde às explorações dos heróis míticos que, como Marduc, lutam e superam os monstros parentais que os manteriam para sempre em servidão.

Se transpusermos o mito do herói nos termos de nosso mito interior, vemos que a imagem de Deus em sua forma primal ou infantil deve ser superada pela pessoa jovem que verdadeiramente se tornaria um indivíduo. Os bem-sucedidos conseguem se tornar heróis, que podem, então, entrar em sua realidade, sua relação individual com o mundo. Não serão mais restringidos pelas regras que os pais ditaram, nem apoiados por eles. Aconteça o que acontecer, os deuses do primeiro começo não governarão mais suas vidas. Por mais desejável que essa liberdade possa ser, conquistá-la envolve uma luta de vida e morte, não apenas contra os pais, mas também contra a própria infantilidade – uma luta na qual apenas alguns são vitoriosos.

Essa batalha interna por liberdade e individualidade ocorre em estágios. Não é conquistada em um esforço supremo. A criança emergindo na adolescência começa a criticar os pais, vendo que não são infalíveis. No início, a criança reclama ou reprova suas inadequações, mas depois compreende que não são deuses, mas simplesmente humanos. Em 1959, em uma entrevista filmada, Jung falou sobre a forma como essa experiência lhe ocorreu. Um dia, ele parecia sair de uma neblina e repentinamente se tornou autoconsciente; estava separado de seus pais, e, pela primeira vez, foi capaz de avaliá-los como indivíduos[14].

---

14. Cf. a entrevista de Jung com John Freeman para a BBC (McGuire & Hull, 1977, p. 425-426; cf. tb. MDR, p. 489 [N.E.].

Quando a consciência, então, inicia, a pessoa olha ao redor e vê que as "coisas" não surgem por si, que não estiveram por todo o sempre aí. Surge a consciência de que alguém, alguma agência humana, deve tê-las criado e ordenado.

Infelizmente, essa é uma conquista, uma iluminação, que nem sempre é realizada mesmo por homens e mulheres maduros. Mais de uma vez ouvi um adulto afirmar: "Mas a vida me deve isso!" Não nos surpreendemos que a criança meramente chore por comida quando faminta e que seu choro pareça produzir leite, porque ela nada sabe nem se importa com a história de como lhe chegou, tão bom e quente no seio ou mamadeira. A preocupação da criança é simples e somente com o conforto ou desconforto em seu estômago. A criança de 10 anos voltando da escola e dizendo: "Mãe, o jantar está pronto?" também tem pouca consciência de causa e efeito e do trabalho da mãe do que o bebê, embora intelectualmente capaz, talvez, de dizer como a comida é produzida e preparada. Mas, psicologicamente, a criança é ingênua. O jantar simplesmente *é*, um fato que responde às necessidades da pessoa. A consciência é tão indistinta que não pode penetrar além dos atos ou sentimentos subjetivos.

Na adolescência, a pessoa começa a se rebelar contra o controle parental, exigindo liberdade sem se aperceber de suas responsabilidades relacionadas. Na verdade, essa exigência usualmente inclui a expectativa de que ela tem um direito aos bens da família (como o carro). Essa exigência inconsciente muitas vezes persiste durante os anos da universidade e além. Contudo, usualmente, ao deixar a universidade, a pessoa jovem terá de começar independentemente, e, então, será confrontada, como Marduc, pela multiplicidade não ordenada do mundo. Torna-se necessário capturar ou explorar as riquezas do ambiente, e ordená-las e controlá-las aos interesses de sua vida particular. No mundo maior, uma pessoa é julgada pelo que ela faz. Desculpas não são aceitas. Muitas vezes, isso é especialmente difícil na esfera emocional, onde um preço alto é cobrado por ceder a humores.

Marduc não celebrou sua vitória com uma orgia, tampouco considerou que tinha o direito de repousar em seus louros. Ele imediatamente começou a criar leis para controlar a si e aos deuses. Disseram-nos que ele inventou muitos planos "astutos" para lidar com todas as situações que o afligiram quando a ordem antiga foi dispersa. E, exatamente assim, na história pessoal de cada um de nós, após termos nos libertado dos pais o suficiente para ter ao menos um vislumbre de sua realidade como indivíduos, devemos começar a encontrar um lugar para nós no mundo como pessoas separadas, assumindo a responsabilidade por nossas vidas – ganhando a vida, adaptando-nos à sociedade, casando-nos, gestando e criando filhos, e assumindo nossa parcela do fardo coletivo de uma sociedade civilizada, que também, por sua vez, atende nossas necessidades.

Essa é a tarefa da primeira metade de nossa vida, e pode ser considerada a forma usual de desenvolvimento, embora muitas pessoas fracassem nela, parcial ou completamente. Encontramos muitos adultos infantis que ainda vivem inconscientemente em um mundo mãe-pai. Eles são o tipo *puer aeternus* de homem e o tipo *anima* de mulher (cf. Von Franz, 2000)[15], e formam uma proporção considerável das pessoas que buscam análise na primeira metade da vida, quando os principais pro-

---

15. Uma "mulher *anima*" é aquela que está contente em satisfazer as expectativas que um homem tem dela (cf. Harding, 2001) [N.T.].

blemas dizem respeito a conquistar a liberdade em relação aos pais e a fazer um ajuste adequado à vida.

Contudo, não devemos cometer o erro de considerar esses objetivos meramente em seu aspecto externo. Sair de casa e conseguir um trabalho, e mesmo ser bem-sucedido em um sentido mundano, não significa necessariamente que a pessoa se libertou do mundo parental. É possível ser externamente livre, mas permanecer internamente contido na família. Nesses casos, a análise dos problemas pertencentes à primeira metade da vida pode ter de ser realizada com pessoas mais velhas também. Com pessoas jovens, pode ser suficiente ajudá-las a conquistar sua liberdade externa, deixando a tarefa mais profunda para ser conquistada depois, quando a própria vida lhes tiver trazido a consciência de que nem tudo está em ordem. Mas, com pessoas mais velhas, isso não basta. A análise de pessoas na primeira metade da vida, ou daquelas que carregaram os problemas irresolvidos da juventude ao longo dos anos, tratará, primeiro, desse problema. Sua resolução é usualmente realizada pela projeção da imagem parental nos analistas, em que as dificuldades devidas à fixação irresolvida dos analisandos – aos pais e à sua infantilidade – podem ser trabalhadas e superadas.

Mesmo uma pessoa cuja relação com os pais tenha sido fundamentalmente saudável, onde havia amor e compreensão mútuos, provavelmente chegará um momento em que comece a se ressentir do que percebe como exigências injustas de obediência da parte dos pais. Quando uma situação desse tipo produz tanta dificuldade a ponto de a pessoa buscar a análise, uma liberação provirá da compreensão de que sentimentos negativos e ressentimentos realmente derivam da sua atitude em vez de qualquer hostilidade real da parte dos pais. A pessoa, então, não terá mais que combatê-*las*, mas pode superá-las ao ultrapassar suas necessidades por apoio e proteção. Tendo se apercebido desse fato, a pessoa, então, estará pronta para se lançar na vida, com todas as perspectivas de fazer uma adaptação bem-sucedida, tanto no mundo do trabalho – o mundo masculino do Pai e do Logos – como nas relações, que pertencem ao domínio feminino da Mãe e do Eros. Desse modo, a tarefa da primeira metade da vida pode ser realizada, o primeiro estágio da aventura do herói concluído. É uma tarefa que usualmente leva a pessoa até aproximadamente os 40 anos, quando um novo movimento da energia da vida começa a entrar em cena, e chegamos ao segundo estágio da aventura do herói.

Normalmente, durante a primeira metade da vida, os pais pessoais, como os portadores da imagem arquetípica, são substituídos pela Grande Mãe e o Pai Espiritual, incorporados de forma nova e menos pessoal. O lado extravertido, se a pessoa tem a sorte de uma experiência espiritual satisfatória – e, com isso, tenho em mente uma experiência genuína –, então as instituições e símbolos da religião, incluindo figuras divinas concebidas como tendo uma realidade objetiva, podem substituir os pais e portar o valor que eles deixaram de incorporar.

Mas, com frequência, em torno da meia-idade, esses símbolos falham em satisfazer as exigências da psique. A libido começa a se afastar de atividades externas e a pessoa se apercebe de que a verdade científica e as instituições humanas não a satisfazem mais. A realidade dos opostos – bem e mal, certo e errado etc. – é inescapável. O que se encontra além, então? Há algum valor que possa transcender esses opostos, um símbolo que possa incorporá-los e uni-los novamente? Em outras palavras, o valor supremo do todo que costumava ser experienciado na relação com os pais pode ser novamente experienciado de uma forma nova e adulta?

E, assim, temos de investigar que símbolos podem substituir as imagens poderosas e valiosas da Grande Mãe e do Pai Espiritual quando o herói superou os pais, e, além disso, superou as imagens parentais ao assumir a responsabilidade por sua vida, como Ea e Marduc fizeram quando superaram Apsu e Tiamat, os entes primais, e começaram a estabelecer lei e ordem no mundo. Pessoas jovens modernas também têm de fazer isso. Quando o herói parte para suas aventuras, parte da energia que retirou dos pais primais é investida na vida, mas o que ocorre àquela parte – sem dúvida, a maior parte – da energia primal que permanece com o arquétipo, o receptáculo da energia imensurável do inconsciente?

Até esse momento, a imagem parental conteve esse *numinoso*, e, obviamente, quando o herói parte com seu troféu ele carrega consigo uma parte do tesouro parental. Mas o próprio tesouro dificilmente diminui com esse "roubo". Retira-se para partes mais distantes do inconsciente, e está mais longe do herói, mais inacessível do que quando ele dormia no útero da Mãe e, assim, sentia-se identificado com ela.

Na história babilônica, Apsu e Tiamat foram superados. Para os propósitos do mito, eles foram representados, primeiro, como monstros fabulosos e, depois, como entes humanos. Foram hipostasiados – tratados como se fossem pessoas. Assim, ouvimos sobre Apsu se deitando em um sofá, tomando Mummu em seu colo, enquanto Tiamat fala e se enfurece, e assim por diante. Como pessoas, foram mortos pelo herói. Foram despedaçados, destruídos, e seus poderes foram dados aos deuses inferiores. Mas, então, retornaram às suas formas cósmicas. O santuário sagrado foi construído sobre as águas de Apsu, o Pai, e, enquanto as leis da sociedade eram estabelecidas com o poder que lhe foi arrancado, Tiamat, a Mãe, permaneceu como sempre foi. Ela não pode ser destruída. Seu corpo forma a abóboda do céu e a curva do mundo subterrâneo. O mundo inteiro é, então, envolvido em sua esfera. Ela é um pouco menos violenta, um pouco menos onipotente do que era antes, mas é a mesma velha Tiamat e, quando chegar o momento, ela surgirá, enfurecida, para destruir seus filhos e todas as suas obras – a menos que! A menos que alguma nova imagem, alguma nova forma, possa ser encontrada, na qual o dinamismo do arquétipo possa ser contido. Em algum momento em nossas vidas pessoais, temos que enfrentar esse problema. De fato, é *o* grande problema da humanidade no estágio presente da história mundial.

Em *The origins and history of consciousness* [As origens e história da consciência], Erich Neumann indica que o herói que consegue cindir os pais primais corresponde ao ego que se separou dos pais efetivos, e do próprio inconsciente, adquirindo, assim, alguma parte dos conteúdos do inconsciente para seu sistema, ou seja, para a consciência. Ele escreve:

> A fragmentação ocorre no sentido que, para a consciência, o arquétipo primordial se decompõe em um grupo considerável de arquétipos e símbolos relacionados. Ou, melhor, esse grupo pode ser considerado a periferia que envolve um centro desconhecido e intangível (Neumann, 1970, p. 321).

Esse estágio da exploração do herói é mostrado em nosso mito, pois, quando Marduc superou Tiamat, imediatamente estabeleceu um panteão dos deuses e começou a distribuir os poderes e destinos entre eles. Os conteúdos do inconsciente, libertos pela fragmentação de Tiamat, tornaram-se os deuses. Esperaríamos que esse estabelecimento fosse seguido por um longo período de desenvolvimento pacífico. Mas não foi isso que aconteceu, pois os deuses eram inteiramente separados da humanidade, e, embora a humanidade tivesse sido criada recentemente, nossa presença se tornava necessária nesse ponto, para que os deuses se estabelecessem pacificamente, cada um em seu santuário.

Que as pessoas sejam necessárias nesse ponto indica que, quando a Mãe é superada e as emoções e impulsos são separados entre si, é imperativo que a consciência deva ser desenvolvida; do contrário, tudo cairá no caos novamente. Ou seja, a exploração do herói bem-sucedido não leva a um tempo de tranquilidade indolente e de fruição da nova liberdade, sem restrições dos controles parentais. Muito ao contrário. Os novos poderes devem ser imediatamente postos a trabalhar e isso, no mito, exige os Humanos, com H maiúsculo – ou seja, uma consciência maior do que aquela que o ego sozinho pode produzir. Essa consciência maior é o ente humano, que será capaz de incorporar a *imagem* dos deuses ou sua contrapartida psicológica.

Apsu e Tiamat, os deuses primais em nosso mito, foram substituídos pelo panteão dos deuses com qualidades semelhantes às de seus cultuadores, e descobrimos que gradualmente os deuses se tornaram mais humanos. Eles incorporavam atributos e poderes que estão mais próximos aos nossos, mas em uma escala heroica. Depois, outro passo foi dado. As qualidades dos deuses foram mais ou menos assimiladas na consciência humana, e a humanidade se tornou mais culta, mais disciplinada, até que os deuses fossem finalmente despotencializados e gradualmente desaparecessem. Enquanto isso, uma nova revelação do inconsciente, um novo mito, surgiu, e o arquétipo numinoso se revestiu no símbolo de um Deus-Pai supremo acima de todos. Por muitos séculos, essa imagem foi aceita como verdade metafísica. Deus foi hipostasiado, considerado uma realidade concreta, mas gradualmente o conceito de Deus se tornou mais espiritual e passou a aparecer sob formas menos materiais. Isso foi um ganho e uma perda, uma vez que, para muitas pessoas, a existência efetiva de Deus terminou se tornando muito problemática; como uma pessoa agnóstica certa vez observou: "Deus se tornou apenas um gás", tendo perdido toda realidade e todo poder; mas, de fato, a energia da maior bomba atômica vem do hidrogênio, que também é um gás.

Enquanto isso, o poder efetivo do arquétipo recuou ainda mais para as profundezas do inconsciente, porque os símbolos reconhecidos não eram mais válidos, ou não eram potentes o bastante para mediar entre humanos e a realidade numinosa do poder da vida. Diante do inconsciente, estamos protegidos e apoiados somente por um ego lamentavelmente inadequado. Consequentemente, o poder do inconsciente coletivo está propenso a novamente irromper sob uma forma caótica e, a menos que um novo símbolo supremo surja para atuar como mediador das energias ativadas no inconsciente, irá se mostrar destrutivo à nossa psique e a todos os nossos trabalhos conscientes.

Isso não é somente consequência da destruição de um símbolo religioso, pois quando não há mais qualquer símbolo adequado para portar o valor de uma imagem de Deus, não só a vida consciente é privada de uma relação significativa com as forças da vida, mas o inconsciente também parece sofrer. Fica perturbado e sua organização interna parece se dissolver, deixando em seu lugar uma condição caótica reminiscente do controle de Apsu e Tiamat. Isso também deve ser considerado um dano à imagem arquetípica.

Estou fazendo essas afirmações como se essa situação fosse um fato bem conhecido e geralmente reconhecido que não necessita prova. Naturalmente, como estamos lidando com o inconsciente, e com o inconsciente profundo, não pode haver *prova* do que acontece ou acontecerá, mas há uma quantidade considerável de evidências. No palco da história, por exemplo, a queda do Império Romano fornece um exemplo. Quando os deuses se tornaram meramente figuras em uma narrativa, considerava-se o poder divino incorporado no César, um mero homem, de modo que Deus desceu à terra como um tirano sem moral ou limites constitucionais. Mais tarde, quando César foi deposto, seguiu-se o caos. Uma sequência similar de eventos seguiu a negação da religião durante a Revolução Francesa. Mas, se esses exemplos históricos não são suficientes para convencer, recentemente testemunhamos o que ocorre quando um tirano usurpa as prerrogativas de Deus e um Estado totalitário é estabelecido para substituir todas as lealdades morais e religiosas. Então, na verdade, é como se as forças de Tiamat fossem soltas novamente sobre a terra.

E sobre a experiência individual? Quando o controle parental foi superado no que pode ser chamado o curso normal dos eventos, o filho ou filha parte para o mundo para cumprir seu destino individual. Nisso, são apoiados pelas expectativas e convenções da sociedade e por seus instintos. E, assim, a maior parte de homens e mulheres conseguem fazer um ajuste às exigências da vida exterior.

Mas o sucesso mundano pode ser considerado evidência de que os pais primais foram superados, no sentido psicológico desse termo? Obviamente, na esfera externa, os filhos têm de se tornar adultos, mas nem todos que parecem ter feito uma adaptação satisfatória de fato o fizeram, como qualquer analista poderia testemunhar. Por volta da meia-idade, uma adaptação externa satisfatória pode se mostrar insuficiente para satisfazer as necessidades da pessoa inteira. Lados reprimidos e esquecidos da personalidade de uma pessoa começam a clamar por reconhecimento e por uma chance de vida. E, assim, vem do interior profundo da pessoa o chamado para empreender uma nova busca, para explorar um novo território, onde o objetivo não será conquistar realizações maiores no mundo externo, mas encontrar os fragmentos reprimidos da pessoa e resgatar o tesouro escondido no inconsciente.

Essa é a tarefa da individuação e a descoberta do tesouro do Si-mesmo, ou, em termos de *O Evangelho da verdade*, mencionado antes, é a completude de si. Quando a humanidade foi desviada pelo Erro, perdemos nossa Completude, que permaneceu com o Pai. O escritor do *Evangelho* nos diz:

> O lugar no qual há inveja e disputa é uma Carência, mas o lugar onde está a Reunião é Completude. Pois a carência surgiu porque o Pai não era conhecido, mas quando o Pai é conhecido, a Falta não existirá, a partir desse momento. Pois a Carência está acostumada a desaparecer na Completude (Grobel, 1959, p. 66).

A inveja e a disputa de que fala o texto têm a ver com nossa inconsciência de nós, de modo que projetamos nossa carência nas outras pessoas e as culpamos por nossos defeitos. Isso descreve exatamente a condição do filho ou da filha que culpa os pais por seus problemas psicológicos. Mesmo assumindo que a incompletude dos pais tenha sido instrumental na produção da carência de seu filho, ainda assim uma pessoa adulta tem de assumir a tarefa de encontrar sua completude. Não podemos colocar essa responsabilidade sobre ninguém mais. O texto acima diz que, quando o Pai é conhecido, a Carência desaparecerá, porque o conhecimento de Deus é equivalente ao conhecimento de si – são inseparáveis. E na Reunião – ou seja, a união de uma pessoa com suas partes cindidas – "cada uma deve se receber novamente".

Em seu comentário sobre essa afirmação, Kendrick Grobel diz:

> Aquela pessoa que, pelas boas-novas, torna-se gnóstica (*i.e.*, uma iluminada), recebe duas coisas, Deus e seu si--mesmo perdido ou esquecido. O conhecimento de Deus e do si-mesmo verdadeiro de uma pessoa são dois lados da mesma coisa; uma pessoa não pode ter um sem o outro (Grobel, 1959, p. 68).

Esse receber seu "si-mesmo verdadeiro" – diríamos o Si--mesmo – *é* a Completude, ou, em termos de psicologia analítica, é o "todo do Si-mesmo", que o texto diz permanecer com o Pai quando o Erro desviou a humanidade. Esse todo, de acordo com *O Evangelho da verdade*, é equivalente a passar a conhecer o Pai como realmente é. Em outras palavras, uma experiência do Si-mesmo significaria uma reconstrução da imagem de Deus, anteriormente incorporada nas imagens arquetípicas da Grande Mãe e do Pai Espiritual, que foram fragmentadas pelo desenvolvimento do ego-consciência.

Veremos como isso funciona no capítulo seguinte.

8 Reconstrução e individuação

O chamado para empreender a tarefa de reconstrução chega para muitas pessoas na meia-idade, quando o impulso externo da libido está diminuindo e o sucesso no mundo exterior começa a perder sua importância suprema. Então, a libido se volta para dentro, e se a vida interior permaneceu em um nível infantil e a pessoa viveu psicologicamente no mundo da ilusão para o qual foi levada pelo Erro, as coisas começam a dar errado. A pessoa fica deprimida, ou sintomas de neurose podem se desenvolver.

A pessoa jovem vai para o mundo ávida por criar algo novo e único. É a "grande aventura" que cativa a libido de todos. Mas, gradualmente, a própria criação começa a exigir cada vez mais energia, e a pessoa madura fica cada vez mais envolvida em responsabilidades e exigências da própria coisa criada com tanto entusiasmo. Então, passando o cume da montanha e começando a descer para o outro lado – digamos, aos 50 anos –, a pessoa sente o peso de sua tarefa, toda a liberdade perdida, afligida, e mesmo guiada, por um rolo compressor que ela mesma criou. A pessoa não vê como se libertar das responsabilidades. O rolo compressor pode dominar a pessoa a ponto de ela se deprimir ou sofrer um colapso físico ou mental.

Distresses desse tipo constituem um chamado para empreender uma reconstrução radical da vida interior. Mas há outros modos pelos quais a pessoa pode ser chamada. O desafio de empreender essa tarefa difícil veio a duas pessoas que conheço, um homem e uma mulher, cada um de um modo diferente. Em nenhum deles a imagem arquetípica do Pai ou da Mãe sofrera um dano patológico por experiências infantis desafortunadas. Tampouco a depressão na qual cada um caiu teve qualquer outra causa. Foi aparentemente apenas o fato de ter chegado o tempo em que foram chamados para buscar a Completude.

Muitos analistas provavelmente já trabalharam com homens e mulheres que se ajustaram de modo satisfatório à vida, para então caírem em depressão ou em algum conflito físico na meia-idade ou mais tarde. Se a investigação do inconsciente da pessoa assim for empreendida, usualmente se descobrirá que a pessoa não fez uma adaptação tão adequada ao domínio interno quanto ao externo. Ou, talvez, a adaptação tenha sido satisfatória para os anos que passaram, mas a pessoa foi inteiramente inconsciente do fato de que uma nova adaptação será necessária para a próxima metade da vida. Assim, ela continua a lidar com a vida usando um modelo ultrapassado, como se estivesse tentando lidar com a época dos automóveis dirigindo uma bicicleta infantil – um sonho muito comum que muitas pessoas têm exatamente nesse ponto de transição.

O significado e o propósito da segunda metade da vida se tornam um problema e a principal preocupação na análise de pessoas mais velhas. No ponto médio da vida se torna importante, inclusive necessário, encontrar um novo símbolo de valor para atuar como mediador entre os elementos conscientes da vida e os fatores numinosos no inconsciente, que seja adequado para cada pessoa. Mas isso não é fácil, pois pessoas assim podem sentir que nada têm dentro de si em que se segurar. Todos os valores conhecidos da vida perdem sua realidade, talvez. Ou as pessoas desenvolvem medos e ansiedades que nunca tiveram antes. Mesmo que esses sejam nebulosos e efêmeros, podendo ser afastados após alguns maus minutos, continuam retornando e não serão eliminados. O caos confronta a pessoa em sonhos, ou ela se vê vítima de poderes destrutivos cuja natureza e propósito são ominosos. Esse é o tipo de situação que Franz Kafka e outros artistas modernos representam em seus romances, e é característica de uma época que perdeu sua religião e sua orientação interna.

Uma característica frequente dessas experiências é o horror engendrado por uma sensação de completa falta de ordem. Em *O progresso do peregrino*, de Bunyan, o Vale das Sombras da Morte é descrito como coberto por nuvens de confusão e completamente sem ordem, o que surpreende os viajantes como peculiarmente assustador. Dante também fala do caos e da falta de ordem no domínio do Inferno. Em tais estados psíquicos, uma pessoa parece ter sido capturada em um lugar em que Deus não está, onde ele não existe. Em outras palavras, uma pessoa cai no caos do tempo antes do começo – e é uma experiência terrível. Sobre ela, Jung diz o seguinte: "A experiência primal é sem palavras e sem imagens, pois é uma visão em um 'espelho escuro' [...] é como um redemoinho carregando tudo diante dele" (Jung, 1930, p. 19s.).

Numa noite pouco antes do Natal, um homem que chamarei John sonhou que havia herdado um pedaço de terra de 30cm². No sonho, ele estava envolvido em plantar nele um pequeno abeto. Disseram-lhe que essa terra e a árvore seriam herdadas por uma criança de sua família ainda por nascer.

O pedaço de terra de 30cm^2 associa a casa de 30cm^2 e a sala de 3cm^2 que é usado como um símbolo da casa do Si-mesmo em *O segredo da flor de ouro*, um texto chinês que interessou muito Jung [OC 13, § 1s.]. A árvore de abeto estava naturalmente conectada à árvore natalina que John estava decorando na noite anterior ao sonho. Tradicionalmente, uma árvore natalina tem de ser um abeto, que é sagrado a Dionísio em seu papel de deus do mistério, o deus da emoção, do êxtase e do espírito da vida. Após ter sido assassinado e comido pelos titãs, Dionísio nasceu, novamente, da Selene, a lua. Um abeto cresceu fora da caverna quando ele nasceu para protegê-lo de ser devorado pelos titãs. Assim, o abeto significa a promessa do renascimento do deus da vida, em sua forma misteriosa, ou seja, o deus interior. Podemos ver por que o abeto passou a ser usado como árvore do nascimento, não somente celebrando o retorno do sol, mas também em celebração ao nascimento de Cristo. Esse é o único aniversário que celebramos para um bebê que nunca envelhece, pelo menos não no dia de Natal. O nascimento da criança humana acompanha a idade cronológica, mas isso não é assim com esse aniversário. É sempre uma celebração e re-evocação da forma infantil do deus. É o nascimento de um deus do mistério.

Poderíamos esperar que a pessoa que sonha despertasse de um sonho assim com um sentimento de alegria de renovação. Mas, quando John despertou, teve uma experiência muito perturbadora. Ele escreveu em seu caderno:

> Aqui, despertei, e, enquanto revia os eventos do sonho, fiquei muito quente e me senti como se estivesse me sufocando. Respirava com dificuldade e senti que meu peito explodia. Subitamente, dei-me conta de que estava cercado pela morte, como se o inferno tivesse surgido e me engolido. Era um grande vazio composto de lodo seco

quente, e estava em toda parte, não somente em mim e ao meu redor, como uma prisão sufocante, mas se estendia aos locais mais distantes do cosmos.

Gradualmente, comecei a entender que esse vazio, essa morte, era a realidade última, o fundamento de todas as coisas e de nossa "vida" ilusória. No fim, nossa vida era realmente morte. Isso me encheu de horror e tentei escapar, mas não consegui. Senti-me crucificado entre duas impossibilidades. Não podia viver nem morrer. Ambos eram igualmente horríveis. Enquanto isso, sentia como se meu peito fosse explodir. Fiquei aterrorizado e pensei que fosse enlouquecer.

Vagamente, lembro-me de ter compreendido que o vazio de lodo quente continha algo tremendamente vivo e vibrante, a força mais poderosa do universo. [Nesse ponto, em sua fantasia, o sonhador está tanto no lodo quanto fora dele, observando o evento.] Todavia, essa força de vida estava aprisionada na morte e no sufocamento. Clamava por libertação e parecia dizer: "Sou o Senhor Deus e essa é minha condição, e a condição de tudo no universo".

Essa era a coisa mais terrível de todas, saber que Deus era desde o começo e sempre uma criatura viva no inferno.

Busquei freneticamente ajuda em algum pensamento ou visão que exorcizasse o vazio mortal. Então, uma voz falou: "Ao menos uma vez em sua vida você deve enfrentar a realidade, e deve fazê-lo *sozinho*. Você deve lidar com ela. Você pode fazê-lo. Mas, primeiro, deve lutar com tudo que você tem".

Agora, entendo que a coisa viva dentro do vazio estava tentando vir à vida e se expressar através de mim.

Mesmo depois disso, John ainda sentia como se, de fato, estivesse preso nesse lodo. Essa experiência ocorreu novamente em intervalos frequentes por cerca de um mês, não somente à noite, mas também durante o dia.

Assim, a primeira experiência do nascimento iminente do Si-mesmo é ser completamente separado de toda companhia, humana e divina, perdido em um vazio, um caos; nesse caso, um caos de lodo, recordando a condição do mundo antes da criação, quando tudo era sem forma. O lodo era quente, como a terra no começo. A compreensão de que dentro desse caos de lodo havia alguém com ele – que John compara ao Senhor Deus, um espírito vivo, que sofre, que clama por libertação – lembra a visão alquímica do filho do rei que se encontra nas profundezas escuras do mar como se estivesse morto. Mas ele, todavia, vive e clama das profundezas: "Aquele que me libertar das águas e me transferir para um estado seco, eu o cumularei de riquezas perpétuas" (OC 12, § 434). Ou, como diz outra versão:

> A terra foi deteriorada e maculada em minhas obras, pois havia escuridão sobre ela, porque eu afundei no lodo da profundeza e minha substância não foi revelada. Por isso clamei da profundeza e do abismo da terra, minha voz se dirige a todos vós que passais pelo caminho: Tende cuidado e olhai para mim, se um dentre vós já encontrou alguém que comigo se parecesse, eu lhe porei nas mãos a estrela matutina (OC 12, § 434, nota 33).

Este é ainda o Si-mesmo irrealizado, equiparado pelos alquimistas a Cristo, que está perdido na escuridão do inconsciente. E disseram a John, em sua experiência, que deveria lutar para reconhecer a "realidade", pois essa é a única coisa que pode libertá-lo. Essa é uma afirmação muito interessante. Corresponde à passagem de *O Evangelho da verdade*, que diz que o retorno à nossa Completude, ou seja, ao Si-mesmo, ocorrerá quando reconhecermos a qualidade ilusória de nossa visão do mundo e vermos a realidade subjacente a ele.

É interessante observar que, no momento de maior desespero, uma "voz" veio a John instruindo-o sobre o que fazer, assim como no caso de Nora uma voz a assegurava de que permaneceria dentro dela para orientá-la. John era um tipo intuitivo, de modo que sua maior dificuldade seria aceitar a realidade. O principal problema de Nora era que ela sempre teve de assumir o comando do *animus* como representando sua realidade, por isso, a voz ter-lhe dito que deveria se submeter à orientação da Grande Mãe, ou seja, o princípio feminino. Em ambos os casos, é a voz de Deus dentro dela, substituindo o deus projetado ou hipostasiado fora dela.

A experiência de John não é única. A experiência de estar perdido no vazio não é inusual, precedendo a conscientização do Si-mesmo. Uma mulher, Mary, sonhou que voava no espaço exterior sem qualquer meio de orientação, sem gravidade, sem direção, sem ponto de partida, sem objetivo, nada acima ou abaixo, nada à frente ou atrás. A vida havia se tornado uma suspenção sem-fim e desconectada. Ela também foi tomada por medo, ficou aterrorizada com a possibilidade da insanidade. Tanto John como Mary estavam na segunda metade da vida, e tinham feito uma adaptação externa satisfatória. Não havia razões óbvias por que devessem ser acometidas por uma experiência devastadora como essa. Mas, evidentemente, a ordem consciente de suas vidas tinha se tornado insuficiente e, em compensação, encontraram-se à deriva, desorientadas, diante de um vazio desordenado, desconhecido.

É sobre esse vazio que religião após religião fala como "antes do começo" – ou seja, antes que surgisse a consciência. E é esse vazio que contém o *numinoso*, a energia que é o poder criativo de Deus. "No começo", diz a Bíblia, "a terra era sem forma e vazia; e havia trevas sobre a face do abismo" (Gn 1,1-2). O primeiro ato de criação foi a chegada da luz, seguida no segundo dia pela separação das águas entre aquelas acima e abaixo do firmamento. Pois, como Neumann diz:

> O mundo começa somente com a chegada da luz, que constela a oposição entre céu e terra como o símbolo básico de todos os opostos... Com o surgimento do sol ou – na linguagem do antigo Egito – a criação do firmamento, que divide o superior do inferior, a humanidade inicia, e o universo se torna visível com todos os seus conteúdos. Em relação aos humanos e seu ego, a criação da luz e o nascimento do sol são vinculados à separação dos Pais do Mundo e as consequências positivas e negativas que ocorrem ao herói que as separa (Neumann, 1970, p. 106-107).

Ele, adiante, continua:

> O espaço só pôde passar a existir quando, como o mito egípcio expressa, o deus do ar, Shu, separou o céu da terra caminhando entre eles. [Similarmente, Marduc dividiu Tiamat, o abismo materno, em duas partes, soprando o vento em sua barriga e, assim, cindindo-a. O vento, é claro, refere-se ao espírito. Somente então, como resultado dessa intervenção criadora da luz e do espaço, passou a haver o céu acima e a terra abaixo, trás e frente, esquerda e direita – em outras palavras, somente então o espaço foi organizado com referência a um ego (Neumann, 1970, p. 108).

Não é possível nos orientarmos no tempo até que a consciência dos opostos tenha surgido; faltando isso, estamos perdidos no vazio. Por isso, o terror sentido por John e Mary dizia respeito mais à falta de orientação do que a qualquer ameaça efetiva de dano físico. Na verdade, é a própria ausência de qualquer ameaça definida à vida que torna a situação tão aterrorizante. A morte, no sentido de fim, seria bem-vinda, mas essa era uma morte viva, sem começo nem fim. Representa, de fato, a obliteração do ego-consciência. John retornou ao tempo antes do começo quando não havia qualquer ego-consciência. Uma condição assim, para alguém que nunca desenvolveu um ego-consciência, pode constituir a felicidade do bebê não nascido. Uma pessoa pode, por vezes, experienciar um sentimento assim, semelhante à euforia produzida por certas drogas, quando divaga no "empíreo" e perde todo senso de realidade e de suas obrigações. Mas, para um adulto que desenvolveu um ego-consciência e um senso de responsabilidade, cair em uma condição assim significa a morte do ego, ou a insanidade, a menos que dessa experiência uma nova luz surja, um novo centro de consciência passe a existir, ou, como nosso mito afirma, a menos que o Humano, o ente humano, possa ser criado. E isso, declara o mito, exige o sangue de um dos deuses. Kingu, filho e esposo da mãe primal, Tiamat, foi escolhido para esse papel.

Assim, enquanto na primeira metade da vida a tarefa é emergir da escuridão da inconsciência total e desenvolver um ego, na segunda metade o destino é perder o ego-consciência duramente conquistado e experienciar uma vez mais a escuridão do primeiro começo. Contudo, dessa vez a perda do ego deve ser aceita conscientemente, como um sacrifício. A realização da experiência é a emergência não de um ego, mas de um novo centro de consciência, mais estreitamente relacionado ao arquétipo que foi superado e fragmentado durante a provação do herói. A segunda experiência do vazio não é a mesma do primeiro. De fato, precede uma chegada à consciência, mas não ao ego-consciência – *aquele* que foi conquistado há muito tempo. Dessa vez, a experiência chega como uma obliteração temporária do ego, correspondendo à fragmentação ou morte que precede a iniciação.

A consciência que surgirá do vazio, se tudo der certo, é consciência-do-*Si-mesmo*, que corresponde à criação do ente humano em nosso mito. Ou seja, é a "jornada noturna no mar" com o nascimento de um novo sol, que simboliza e corresponde à ressurreição do iniciado egípcio como um Osíris, ou é a experiência da "vastidão" que resulta no reconhecimento de Deus como uma presença interna, uma voz interna em vez da deidade até então hipostasiada.

Vamos voltar ao sonho de John, no qual foi engolido em um lodo escuro. Esse homem não estava doente, mas ainda tinha um problema não desenvolvido, não resolvido, com o arquétipo da mãe. Ele queria uma mãe que o amasse e que cuidasse dele. E poderíamos esperar que ele teria uma visão da Grande Mãe, especialmente porque o sonho que precedeu a visão estava conectado à natividade. Mas, o que quer que possa ter desejado, o significado do sonho não está, evidentemente, centrado na Mãe, mas na Criança, o Rei do tempo futuro, pois ele estava plantando o abeto para uma criança não nascida de sua família, que receberia a herança.

A visão que seguiu imediatamente foi do vazio do lodo quente, o mundo sem mãe. Todavia, na imaginação ativa de John, ele descobriu que não estava sozinho lá. Havia outro com ele, recordando a história bíblica de Sadraque, Mesaque e Abede-Nego jogados na fornalha flamejante por ordem de Nabucodonosor (Dn 3). E esse "outro" clamava por libertação, uma libertação que deve ser conquistada por meio do esforço do sonhador. A companhia não era a Grande Mãe, que poderia cuidar da situação, mas alguém que necessita da ajuda *dele*.

O sonho de John e a fantasia persistente que o perseguiu por quase um mês foram tão perturbadores que ele tentou desenhar a situação, embora parecesse uma tarefa quase impossível, pois o horror do sonho era devido basicamente ao fato de a experiência não ter limites, seja de tempo ou espaço. Assim, como ele poderia confinar-se a um pedaço de papel e vinculá-lo, por assim dizer, ao tempo presente e às três dimensões? Foi necessária muita concentração para realizar isso, uma vez que o lodo tentava escapar aos limites que ele estabelecera para ele, assim como Tiamat tentou escapar da rede de Marduc. Mas no fim, quando ele conseguiu capturar a experiência com clareza suficiente para desenhá-la, descobriu que o lodo havia ficado confinado a um círculo, como é mostrado no desenho (Figura 16). Também sua angústia é claramente retratada, assim como sua impotência. O que é muito interessante é que ele é mostrado como primitivo, como animal.

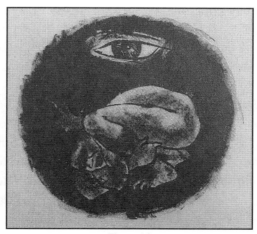

Figura 16

Mas uma coisa que ele não pretendia apareceu no desenho – o *olho*. Isso deve significar que o próprio lodo começou a ter um vislumbre de consciência – ou, mais acuradamente, o sonhador começa "inconscientemente" a ver. Na imaginação ativa antes de fazer o desenho, essa consciência emergente, essa compreensão, foi expressa como a voz do Senhor Deus. No texto alquímico citado acima em amplificação desse ponto, Deus seria representado pelo rei, e o filho do rei seria equivalente a Cristo, ou seria uma *imago Christi*, uma imagem de Cristo. Os alquimistas chamariam isso o Filho Real.

A ideia de Cristo está obviamente conectada ao abeto que John plantou em seu sonho, e está relacionada também à árvore de Natal que ele e sua esposa estavam decorando na noite anterior. Assim, a árvore é, aqui, um símbolo do Si-mesmo, assim como no mito dionisíaco, onde representa o deus em sua forma de mistério. É sob a forma dessa árvore-espírito que o deus possuía os iniciados, encarnando-se, assim, neles. O filho do rei perdido na escuridão do mar lodoso, em termos analíticos, representa a imagem de Cristo na escuridão da psique inconsciente – ou seja, é uma imagem do Si-mesmo que, até então, não é realizada. E, assim, podemos dizer que o olho pertence ao Si-mesmo.

O olho é, ao mesmo tempo, o olho de Deus e o olho da consciência no inconsciente[16]. Não só traz a possibilidade de escapar de seu tormento, mas promete libertação ao filho do rei (ou seja, o Si-mesmo), que também está em tormento. E, na verdade, isso é mostrado pelo que aconteceu depois, pois ele escapou pelo olho, como pode ser visto no próximo desenho (Figura 17). E, de

---

16. Para uma elucidação complementar da importância psicológica do olho em sonhos e em desenhos, cf. Edinger (1984, p. 42; 1995, p. 63, 218-219) [N.E.].

fato, John não foi incomodado novamente pela sensação de estar aprisionado no lodo. Sua claustrofobia não retornou.

Um vislumbre na figura que escapa do lodo, nascida do olho, mostrará que uma mudança surpreendente ocorreu em sua aparência. É como se tivesse renascido e fosse agora um novo homem. Ele não é mais uma criatura semelhante a um macaco. É ainda primitivo, mas agora é definitivamente humano e não está mais em agonia.

A mulher, Maria, que sonhou que estava voando no espaço externo, também tentou desenhar, não o sonho efetivo, mas uma fantasia, da *mônada*, a unidade do ente humano total – o microcosmo dos humanos – como a experienciou. O que é muito interessante é que, embora nada soubesse de mandalas ou coisa que o valha, também desenhou uma esfera (Figura 18). Em seu caso, não consistia em lodo, representando a terra, mas de ar, que representaria o céu ou os céus, que corresponde à forma do sonho, no qual ela estava voando no espaço externo. Além disso, ela descobriu, para sua surpresa, que dera à sua esfera um olho. Ela disse: "O olho é aquele que vê e também que revela". Ela, imediatamente, associou-o ao olho de Deus, no sentido de que representava uma consciência não pessoal ou suprapessoal, que pertence à *mônada* como a totalidade da consciência e do inconsciente.

John tivera muita dificuldade para fazer o círculo para cercar ou confinar o vazio lodoso. Mas, no fim, conseguiu fazê-lo. Isso basta sobre o desenho. Mas que entidade psicológica o círculo poderia simbolizar? Que poder humano poderia ser capaz de conter ou cercar a parte não conquistada da energia arquetípica? Do que poderia ser feita? A fim de obter ao menos uma resposta a essas perguntas, devemos buscar novamente nos mitologemas uma orientação que lide com esse aspecto do problema humano.

Figura 17

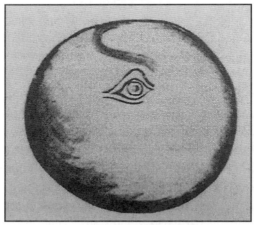
Figura 18

Neumann indica que, quando o herói supera o mundo contenedor pai-mãe e escapa de seu aprisionamento no ouroboros parental, leva consigo uma parte de sua energia, e com ela constrói seu mundo. Ele prossegue dizendo que os fragmentos do arquétipo primal desmembrado formam um grupo de arquétipos relacionados. Esses "arquétipos inferiores" são, é claro, representados no mito babilônico pela companhia dos deuses, entre os quais Marduc distribuiu os poderes que havia retirado das potências primais, Apsu e Tiamat. Esses arquétipos secundários, de acordo com Neumann, formam, então, um círculo protetivo que envolve as energias remanescentes do arquétipo primal, um centro que persiste como um cerne desconhecido e intangível de dinamismo imensurável. Esse é um conceito muito importante, mas é formulado em linguagem tão condensada que sua significância pode facilmente ser negligenciada.

Em outras palavras, Neumann afirma que, como resultado da batalha do herói, o arquétipo primal, o *numinoso*, está cercado pelos arquétipos secundários. Isso quer dizer que uma pessoa primeiro experiencia ou existe em uma totalidade, um todo – no Todo – que significa em Deus, ou no ouroboros. Então, pelo desenvolvimento e pela educação da pessoa, os arquétipos são separados do Todo. Esses representam aspectos do divino *numinoso* desconhecido que pode ser experienciado pelo ente humano, ao menos sob a forma simbólica. Esses, como os deuses de nosso mito, então, cercam o *numinoso* desconhecido, protegendo a pessoa da experiência potencialmente devastadora do Deus Vivo. É como a formulação judaica do *En Soph*, emanando dos dez Sefirot que representam e ocultam a essência real do inefável.

As imagens arquetípicas da cultura na qual nascemos, e os símbolos de nossa religião, funcionam exatamente do mesmo modo. Isso corresponde, no simbolismo de nosso mito, ao estabelecimento dos deuses planetários por Marduc, que representa nossas necessidades emocionais e instintivas e exerce uma influência tão poderosa em nosso destino. Na Antiguidade considerava-se que os planetas circulassem o mundo. Suas órbitas representavam suas esferas de influência ou poder, enquanto a parte não pessoal, a parte inconsciente mais profunda da psique, ainda era representada por Tiamat e Apsu. Os deuses planetários formavam, então, um círculo protetivo em torno do ainda inexplorado arquétipo primal, de modo que sua energia numinosa e assustadora não pudesse afetar diretamente a humanidade e ameaçar nossa sanidade.

Contudo, os deuses eram solitários e não podiam satisfazer sua fome, de modo que os Humanos foram criados para servi-los e lhes oferecer sacrifícios. Desse modo, esperava-se que pudessem se contentar em residir cada um em sua esfera e não brigarem com deuses vizinhos. Assim, vemos que em um certo ponto no desenvolvimento da vida humana a consciência se tornou necessária, e no mito ela era representada pelos Humanos. O serviço dos deuses e os sacrifícios feitos a eles correspondem não somente às observâncias religiosas, mas também à aceitação das convenções da cultura, pelas quais os deuses de fúria, ódio e luxúria são acalmados e mantidos cada um em sua esfera, de modo que o mundo humano não fosse devastado por sua violência não mitigada. Isso, é claro, representa o curso normal de desenvolvimento e, quando as coisas vão bem e não há perturbação no inconsciente, essas regras servem para ordenar o mundo humano.

Contudo, quando se desintegram os rituais e símbolos da religião, ou os costumes que controlam o comportamento coletivo, as antigas formas podem se mostrar inefetivas e as forças indomáveis da vida instintiva podem irromper no inconsciente com resultados devastadores. No nível individual, quando não houve portadores adequados para o símbolo arquetípico numinoso e quando a pessoa não teve uma experiência satisfatória com a mãe ou o pai devido a uma situação infantil desafortunada, ou, talvez, quando os pais foram portadores inadequados da imagem parental arquetípica em sua forma positiva, ocorre um dano patológico da imagem parental. Quando uma pessoa que sofre de uma condição assim vai à análise, a tarefa com a qual tanto analistas como analisandos são confrontados é promover, tanto quando possível, a reconstrução da imagem arquetípica danificada, na esperança de que possa surgir um símbolo que seja aceitável à consciência e poderoso o bastante para representar o arquétipo.

Em um caso desses, o primeiro estágio da análise usualmente se ocupa, como ocorreu com Nora, da libertação da pessoa de uma atitude negativa para com os pais e a imagem parental, por meio da projeção de uma imagem parental na analista. Quando isso ocorre e é aceito, com todas as emoções que uma mudança assim envolve, a analisanda pode prosseguir com sua vida numa base inteiramente nova.

Mas, em John e Mary, os dois cujos sonhos foram apresentados acima, não houve um dano assim à imagem arquetípica. Na verdade, cada um fez uma adaptação satisfatória à vida. Foi somente quando chegaram aos 40 anos que consideraram a experiência do vazio tão perturbadora. Essas foram experiências numinosas que exigiram atenção.

Há vários modos de lidar com essas experiências. St. Nicholas von der Flüe, popularmente conhecido como Irmão Klaus, encontrou um. Jung nos lembra que a visão que o Irmão Klaus teve da face terrível de Deus foi tão horrível que mudou sua fisionomia (OC 11/6, § 474ss.). Aqueles que viram o Irmão Klaus ficaram aterrorizados e ele próprio disse que temia que seu coração explodisse – ou seja, temia que sofresse de desintegração psíquica. Ele dedicou muitos anos de atenção concentrada para entender sua visão, e somente após esse trabalho de assimilação o equilíbrio de sua psique foi restaurado. Assim, também, nos casos de John e Mary, muito trabalho foi necessário antes que um novo símbolo ou imagem arquetípica, adequado a suportar o fardo da vida, pudesse ser desenvolvido.

O Irmão Klaus levou essa imagem perturbadora consigo no *temenos* de sua cela monástica, que atuou como uma câmara de incubação. Celas similares eram usadas na antiguidade para o tratamento da insanidade. Os santuários de Asclépio, o deus da cura da Grécia antiga, por exemplo, tinham essas celas onde os aflitos dormiam próximo à imagem do deus que, como o templo de Apsu dos babilônios, foi colocado sobre uma fonte, origem das águas doadoras de vida, o fluido da vida. Enquanto os pacientes dormiam e a mente consciente era posta a repousar, o inconsciente da pessoa era aberto à influência do deus. Desse modo, acreditava-se que um símbolo terapêutico de reconciliação poderia surgir nos sonhos.

A situação analítica pode ser como uma câmara de incubação. A pessoa experienciando distresse psíquico fala sobre isso à analista, e a atitude de aceitação da analista muitas vezes tem um efeito aquietador sobre o inconsciente, de modo que a pessoa que sofre é capacitada a olhar para sonhos e outros materiais inconscientes com menos resistência. Isso contribui para uma atmosfera psíquica útil na qual o símbolo terapêutico possa ser encontrado.

Os antigos tentavam restaurar a saúde da pessoa que sofria sob o símbolo do deus particular em cujo templo os ritos de cura eram executados, assim como o Irmão Klaus tentou assimilar sua visão na estrutura da Igreja cristã. A análise não tem uma formulação assim dogmática, cujo ensinamento pode carregar a imagem de cura. Em vez disso, o símbolo efetivo na situação analítica deve vir como experiência e realização pessoais; a imagem de Deus arquetípica deve ser substituída pela imagem do deus interior. A nova apreensão de Deus deve ser abordada e compreendida por meio da experiência do Si--mesmo, que Jung mostrou por meio de muitos exemplos ter o valor de uma imagem de Deus interior. Ou, para usar o simbolismo de nosso mito babilônico, o valor que pode se destacar em relação aos deuses não é o ego pessoal, mas o ente humano, um equivalente do Si-mesmo.

No caso de John, em que a experiência do vazio veio como um sonho de ser aprisionado no lodo escuro, o primeiro passo na resolução de seu distresse psíquico foi representada como a emergência – o nascimento, de fato – de um novo homem através do olho. Isso significaria que essa nova atitude foi conectada ao *insight* maior, à compreensão maior, do que possuía previamente. Como ele associou o olho ao olho de Deus, esse novo *insight* seria como se visse a partir de um novo ponto de vista. Não seria uma visão panorâmica, mas, por assim dizer, uma visão divina – uma atitude por vezes expressa como vendo as coisas *sub specie aeternitatis*.

Foi algum tempo depois disso, quando muitas coisas interessantes haviam ocorrido na análise de John, que o tema do renascimento surgiu novamente. Mas, mesmo nesse estágio, uma grande mudança ocorreu. Houve uma mudança notável no símbolo para o que renasceu, pois ele sonhou que uma figura de luz com cabelo flamejante e carregando uma espada emergiu de uma cornucópia com um feixe de luz (Figura 19). John chamou essa figura Ariel.

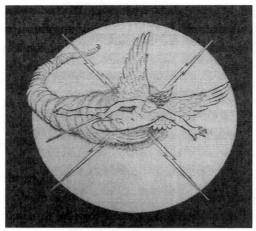
Figura 19

Ariel é um equivalente do alquímico Mercúrio, e, para uma pessoa moderna, tem reverberações de *A tempestade*, de Shakespeare, onde Ariel é o espírito luminoso de Próspero, seu si-mesmo espiritual. No desenho de John, Ariel é visto nascer da cornucópia, de modo que sua aparição pressagia a chegada de grande riqueza – não em termos de dinheiro, é claro, mas uma riqueza de energia de vida, libido, assim como a busca dos alquimistas era por ouro que chamavam "*nosso* ouro, não ouro *vulgar*", significando que seu ouro representava valor espiritual em vez de riqueza material.

Mas esse ainda era apenas o começo da resolução do problema de John, uma indicação de um resultado possível. Pois no aniversário do sonho do lodo – ou seja, no Dia de Natal do ano seguinte – ele sonhou que viu um grupo de primitivos sentados em torno de uma fogueira. Eles estavam cantando e rindo. Em particular, ele observou um homem que pareceu estar tendo um momento especialmente feliz (Figura 20). John despertou e desenhou esse homem feliz, natural, mas somente então percebeu, para sua surpresa, que embora o homem se parecesse com o homem original no lodo, estava muito diferente. Não estava mais em distresse, tampouco era tão primitivo. Enquanto pensava sobre esse sonho e contemplava o desenho que fizera, John viu um olho acima e à direita do fogo que não estava de fato no sonho, tampouco estava em seu desenho. Era um tipo de visão, e enquanto John olhava, o olho começou a se mover em sua direção. Continuou a se mover até atingir seu corpo. Então, silenciosamente, deslizou para dentro de seu peito, repousando em seu coração, deixando-o com uma sensação quase física de bem-estar e alegria.

Durante o ano que se passou desde o primeiro sonho, com sua claustrofobia perturbadora, uma mudança considerável ocorreu na condição consciente de John. Ele não estava mais tão fora de contato com a realidade e as exigências da vida cotidiana. Ele experienciou uma renovação de energia e interesse. Ele, evidentemente, fez progresso em um nível mais profundo, pois o inconsciente agora representava sua condição por esse homem primitivo, que parece tudo, menos deprimido. É como se as energias instintivas estivessem novamente alinhadas, talvez como jamais estiveram antes para ele.

Figura 20

Esse material tem outra característica que lembra o primeiro desenho que fez contendo o olho (Figura 16). Naquela visão anterior, o olho foi interpretado como um símbolo de uma consciência que transcende a consciência do ego, e, além disso, representa o Si-mesmo. Em sua nova visão, o olho, símbolo da nova consciência, entra nele e assume seu lugar em seu coração. Em minha experiência isso é verdadeiro: o Si-mesmo chega à consciência não na mente, mas no coração. Esse fato é reconhecido em linguagem comum quando falamos, por exemplo, do "coração da matéria". E no esquema tântrico dos níveis da consciência desenvolvido pela ioga, o purusha ou Senhor – o Deus interno – aparece pela primeira vez na região do coração, onde é representado por uma pequena chama, uma luz interior pela qual a pessoa pode ver. É somente quando o sentimento do coração é estimulado, ou iluminado, que a pessoa pode realmente se tornar consciente de si e de outras como entes separados.

Contanto que nossa consciência de outros e nosso sentimento por eles sejam independentes do valor que têm para nós – seja positivo ou negativo –, não somos realmente conscientes deles como pessoas por si. É somente quando a consciência surge no coração que podemos estar conscientes deles como indivíduos separados. Na linguagem do budismo tântrico, quando o purusha aparece na região do coração, uma pequena luz se acende ali. Em termos psicológicos, significaria que, quando o Si-mesmo surge no coração, então um novo tipo de consciência nasce. É por essa luz que somos capacitados a ver as coisas *como são*. Quando somos guiados por essa luz, nossas ações e reações terão uma validade que antes estava ausente.

Logo após ter tido esse sonho, a esposa de John foi acometida por uma doença fatal. Ela morreu alguns meses depois, em dezembro. Eles eram muito próximos. Sua morte lhe trouxe muita tristeza e o deixou se sentindo desolado e terrivelmente sozinho. Então, seis meses mais tarde, na noite antes de seu aniversário, ele sonhou novamente. E escreveu:

> Esse é meu aniversário e despertei lembrando de um fragmento de sonho que tive. A cena do sonho foi um grande buraco lodoso, e o lodo era úmido e morno. Um grupo de pessoas gentis me mergulhou no lodo até meu peito. Então, ajudaram-me a sair. Quando saí do banho de lodo, o lodo ficou grudado em mim, pressionando-me para baixo, de algum modo, mas me dando uma sensação de estabilidade e segurança.

O lodo lembra a primeira visão do vazio de lodo no qual ele e o homem primitivo foram capturados. Naquele momento, a condição parecia ser inteiramente negativa – uma experiência da "noite escura da alma". Aqui, o sentimento do sonho mudou fundamentalmente. A imersão no lodo obviamente representa um tipo de batismo, uma cerimônia de iniciação. No primeiro sonho, o isolamento de John foi um elemento particularmente distressante. Desta vez, ele não está só, mas é ajudado por um grupo de pessoas gentis. Ele está evidentemente sendo iniciado em algum tipo de comunidade, como postulantes são iniciados em sociedades secretas ou em cultos de mistérios. A menos que essas iniciações tenham se tornado inteiramente banais, têm uma qualidade numinosa e usualmente uma significação religiosa.

O batismo cristão é representado como um renascimento ou como um nascimento da alma. De modo que, também nesse caso, a emergência do banho é um renascimento. Aqui, contudo, o meio não é água, mas lodo. No primeiro sonho, o lodo era quente; agora sua temperatura é modificada, de modo que o calor intenso que conectava a experiência com a ideia convencional do Inferno está ausente. O calor do Inferno representa paixões irrefreadas, assim, o calor menos intenso do lodo nesse sonho mais recente provavelmente se refere a sentimentos. Após sua imersão, o lodo se gruda ao sonhador, dando-lhe a sensação de segurança, o que significa que agora foi iniciado ao domínio terreno. Em termos psicológicos, é uma iniciação ao lado da sensação, e isso lhe dá tanto segurança como peso. Lembre que, na primeira série de sonhos, a tarefa imposta a ele pela voz era encontrar um meio para enfrentar a realidade.

John assim comentou o sonho:

> O banho me deu um sentimento de peso e uma sensação confortável de segurança. Senti-me em casa comigo. O sentimento confortável permaneceu comigo por vários dias. Então, um dia, vi-me fora do buraco de lodo, vestindo somente calças de lodo, com mãos e pés cobertos de lodo [Figura 21]. Nessa condição fui para meu escritório, e executei meu trabalho usual. Então, ocorreu-me que eu deveria estar identificado com o lodo e provavelmente inflacionado. O desenho mostra o momento em que me conscientizei dessa condição.
> Então, fiquei insatisfeito e lembrei da imagem do sonho original para ver o que aconteceria. Pareceu-me que algo estava faltando. Metade de mim estava sendo banhada no lodo. A outra metade também necessitava de um banho. Então, começou a chover e eu disse: "Isso é melhor". Mas, enquanto observava a chuva caindo, fiquei com medo de que o fogo em meu coração se extinguisse. Um anel de fogo apareceu e circulou em torno de meu peito como uma proteção [Figura 22]. Então a visão evanesceu.

A imagem parental e o desenvolvimento da consciência

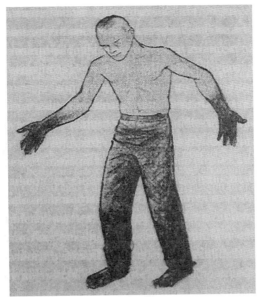

Figura 21

Figura 22

O fogo no coração desse homem se relaciona com a luz do purusha. Essa luz em seu coração foi acendida pela entrada do olho na visão anterior. O círculo de fogo em torno de seu peito lembra a "circulação da luz" da qual fala a ioga chinesa, resultante da execução bem-sucedida de disciplinas iogues. E, assim, podemos dizer com alguma certeza que uma transformação dos instintos foi atingida até ao nível da região do coração.

No caso de Mary, a mulher que se encontrava suspensa no espaço exterior, a resolução de seu problema veio sob uma forma diferente. Ela sonhou uma noite que foi para sua sessão de análise e descobriu que, em vez da analista, uma grande estrela estava sentada em sua cadeira (Figura 23). Isso soa incoerente e um pouco absurdo, mas quando lembramos que a cadeira da analista representa a relação analítica, não parece tão ridículo.

É no encontro efetivo com a analista durante a sessão que os dois mundos da analisanda se unem. Em sonhos e fantasias, a analisanda está só – terrivelmente só. No mundo externo, fora da sala da análise, também estamos sós, pois o peso da experiência subjetiva nos separa de qualquer relação real com outras pessoas. Sentimos que ninguém poderia compreender o que estamos passando, e que se tentarmos dizer às pessoas, pensariam que estamos loucos. Assim, ocultamos nossas experiências mais intensas de outros. Mas na relação analítica somos capazes de revelar ao menos uma parte de nossa vida interior, seja em palavras ou em imagens ou por meio de nossos sonhos. Pelo que parece quase um milagre, os analistas entendem e respeitam nossos pensamentos. Na sala de análise, encontramos um *temenos*, um recinto sagrado, onde podemos ser inteiramente francos e sem medo de sermos malcompreendidos.

A imagem parental e o desenvolvimento da consciência 229

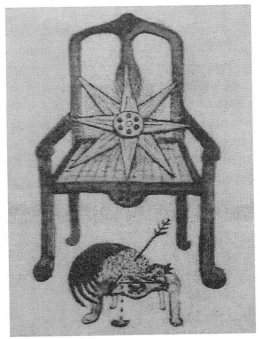

Figura 23

Para Mary, essa foi a experiência mais importante. Sua vida interior era intensa e da maior importância para ela, mas nunca fora capaz de falar sobre ela com alguém. Assim, não surpreende que tenha desenvolvido uma transferência tão forte para comigo, sua analista. A compreensão de seus sentimentos lhe chegou um dia e produziu um conflito considerável. Em uma parte dela, ela sabia que não queria ter um caso com a analista, que não estava apaixonada por esse ente humano, e, todavia, estava possuída por fortes sentimentos amorosos.

Foi então que sonhou que estava indo para a sessão, sabendo que teria de reconhecer seus sentimentos e temendo o encontro; em seu sonho, a cadeira da analista estava ocupada não pela analista, mas pela grande estrela. No sonho, havia um galo morto em um banquinho diante da cadeira. Quando despertou, desenhou a experiência. A analista, que, na vida real, ocupava a cadeira, fora substituída por uma estrela, símbolo do todo e, para Mary, também um símbolo do Si-mesmo, porque era familiar à ideia de que nascemos sob uma estrela que representa nosso destino e caráter individuais.

Assim, o sonho diz, com efeito: "Seus sentimentos intensos não são para a pessoa da analista, mas para o valor individual que ela representa para você". Isso é o que explica os sentimentos de admiração e reverência que eram uma parte de seu amor. Esse elemento de reverência também é indicado em seu desenho, pois a cadeira que desenhou não era minha cadeira efetiva, mas remetia a uma cadeira de bispo que aparecera em um sonho anterior.

O sonho é particularmente instrutivo porque destaca dois aspectos, duas dimensões, da situação analítica. A intensa emoção de Mary foi constelada pela ocupante da cadeira da analista, mas o sonho aponta para ela: "Esse é nosso valor individual, não a pessoa da analista. A analista é somente a portadora do valor representado pela estrela. Ela é a mediadora entre você e o arquétipo numinoso, e, assim, o sonho traz a você um símbolo reconciliador". Esse é o aspecto pessoal da transferência, mas que era também necessário. Se Mary não estivesse disposta a aceitar suas emoções a despeito do conflito, a cura não poderia ter ocorrido. Foi somente porque, como resultado do sonho, foi capaz de simultaneamente reconhecer a situação humana efetiva e a subjetiva e transpessoal que uma reconciliação desses elementos aparentemente incompatíveis pôde ser realizada na estrela, símbolo do Si-mesmo e do todo. Foi o reconhecimento dessa diferenciação que levou à cura. Foi um *insight* tanto do coração como da cabeça. Assim, Mary não era mais dependente de sua analista; não sofreria uma assim chamada neurose de transferência.

No sonho, sua imunidade é paga, por assim dizer, pelo sacrifício de um galo. Maria associava o galo à cena na morte de Sócrates, na qual ele instruiu seu amigo a sacrificar um galo a Asclépio por ele. Com isso, Sócrates implicava que, com sua morte, estaria curado da doença da mortalidade. O conflito dentro dele entre suas partes terrena e espiritual estava resolvido. Ele se tornara inteiro.

O conflito de Mary corresponde à situação diante da qual Sócrates se encontrava. Nela, também, os elementos terrenos ou carnais, e os espirituais ou psicológicos, estavam em guerra, evidenciada por seus sentimentos conflitantes para com sua analista. Mas a compreensão de que a atração irresistível que sentia por sua analista cobria e ocultava seu anseio por completude trouxe a cura. Seu desejo por uma relação de amor mútua com esse outro ente humano continha anseios carnais que tinham de ser sacrificados a fim de encontrar o significado real da experiência. Isso é simbolizado pelo sacrifício do galo, pois no simbolismo hindu o galo representa a luxúria. Contudo, ele também é o arauto de um novo dia, e, através da aceitação da estrela como um símbolo do todo, um novo dia surgia para Mary.

Nesse caso a função reparadora da situação analítica é claramente demonstrada. A cadeira analítica serve como um símbolo da natureza dual da relação entre analisanda e analista, correspondendo à natureza dual da humanidade – o pessoal e o não pessoal. Ou seja, coloca em foco a relação entre o ego e o Si-mesmo.

Em nossa compreensão da natureza e função da relação analítica, é muito importante fazermos uma distinção clara entre essas duas partes. Se não o fazemos, a própria análise será severamente prejudicada e o resultado será comprometido. Há, primeiro, a parte humana, que não deve ser minimizada uma vez que representa a relação da analisanda com a vida externa. No começo, sentimentos e reações pessoais podem ter de ser mantidos em segundo plano no interesse da terapia; mas, no fim, devem ser reconhecidos e permitidos por ambas as pessoas. Mas, sem dúvida, a parte mais importante da relação é o que usualmente chamamos transferência, porque consiste em reações emocionais a materiais projetados que a analista comunica à analisanda até que ela possa compreendê-los e assimilá-los. Quando isso ocorre, a analista é libertada da carga dos conteúdos psíquicos não reconhecidos da analisanda. Mas, nesse meio-tempo, quando a relação entre as duas pessoas surge por razões terapêuticas, esse aspecto da relação deve assumir precedência em relação a todas as outras considerações. O "propósito" da relação inteira é oculto na transferência, por meio da qual, se a situação é favorável, a analisanda pode reconciliar os elementos conflitantes internos que provocaram a dificuldade original.

Afastamo-nos bastante de nosso mito, no qual deixamos os deuses primais feridos, derrotados e destituídos pela iniciativa heroica de Marduc, que, embora sendo um filho dos deuses, nascido no sagrado Apsu, mostrou características humanas e realizou a tarefa de criar humanos e ordenar o mundo para sua ocupação. Apsu já havia sido subjugado em alguma medida por seu pai, Ea, que havia estabelecido seu santuário nas águas do Abismo. Esse santuário se tornou o lugar sagrado no qual os deuses eram cultuados. Assim, com a vitória de Ea, uma nova relação com o princípio masculino foi estabelecida e o serviço religioso dos deuses foi desenvolvido. Uma reconciliação ocorreu entre os homens e os deuses masculinos. Desse modo, o aspecto masculino do caos original foi colocado na relação com a humanidade. Mas Tiamat, o Abismo feminino, que fora cindida pelo ataque de Marduc, desapareceu da cena. Permaneceu inacessível, inexplicável, perigosa e necessária à vida, pois somente dela vinha o poder de produzir vida nova, parir crianças e nutrir a vida sobre a terra. Ela era a fonte das emoções e, até hoje, como bem sabemos, esse é o aspecto da vida que permaneceu o mais incontrolável e caprichoso, o mais propenso a nos levar a rupturas destrutivas que não combinam com nosso modo masculino mais civilizado e disciplinado.

Devido ao fenômeno da transferência, as emoções mais incontroláveis podem ser experienciadas no recinto seguro da situação analítica. No sonho de Mary, isso era simbolizado pela cadeira analítica e pela compreensão de que as emoções projetadas não pertenciam à analista, mas ao Si-mesmo, representado, em seu caso, por uma estrela. Desse modo, os valores que foram anteriormente experienciados pela analisanda como se fossem característicos da analista, foram assimilados, não pelo ego, mas pelo núcleo não pessoal da pessoa, o Si-mesmo.

Isso, talvez, seja o significado desses ditos de Jesus registrados em *O Evangelho segundo Tomé*:

> Jesus disse: Quando você vê sua semelhança, você se alegra. Mas, quando você vê suas imagens que passam a existir diante de você, (que) não morrem nem são manifestas, o quanto você suportará! (Guillaumont, 1959, p. 17)manter chamada de nota e inserir ponto-final[17]

---

17. Esse é um dos códices descobertos em Nag Hammadi no Egito em 1945.

E:

> Quando você criar olhos no lugar de um olho, e uma mão no lugar de uma mão, e um pé no lugar de um pé, (e) uma imagem no lugar de uma imagem, então, você entrará [no reino] (Guillaumont, 1959, p. 19).

O primeiro dito pergunta: "Como você consegue ver seu Si-mesmo real?" E o segundo diz: "No lugar da forma externa, crie uma imagem interna – então você entrará no reino". Ora, isso é exatamente o que o sonho de Mary também mostra, ou seja, que a imagem externa da analista deve ser substituída por sua realidade – a imagem, ou o símbolo, do Si-mesmo.

Na análise, o reconhecimento do Si-mesmo emerge como um resultado da distinção entre as partes arquetípica e pessoal da relação com a analista, que produz uma diferenciação correspondente entre o Si-mesmo e o ego. Essa distinção entre o humano e o supra-humano, ou, para falar em termos mitológicos, entre as partes humana e divina do ente humano, é da maior importância. Sem ela, as experiências que mencionamos produziriam uma inflação, com todas as consequências desafortunadas que essa condição traz. Quando uma pessoa está inflacionada, sai da terra. Como o sonho de Nora mostra: o homem que podia voar para a lua e voltar em três horas e meia estaria sem contato com o chão. Uma inflação assim resulta inevitavelmente em separação da realidade; produziria isolamento na vida externa além de um retorno à terrível experiência do vazio no domínio interno – ou seja, alienação da realidade da sua vida psíquica.

O perigo de se identificar com o arquétipo do Si-mesmo, que inevitavelmente resulta em inflação, é especialmente grande quando a imagem parental é muito danificada. Nesses casos, não há experiência da infância que possa servir como mediação entre os dois mundos. Aquelas pessoas cuja relação com os pais foi insatisfatória desconfiam profundamente de qualquer um no papel de pais. Não podem aceitar que a preocupação desinteressada da analista seja real, e, assim, não podem se doar livremente na relação com a analista, o que significa realmente se doar ao valor que a analista representa. Quando isso ocorre, se o símbolo reconciliador for vislumbrado em sonhos como um resultado do trabalho analítico, será dissolvido novamente no caos do qual emergiu. Mas, quando uma experiência subjetiva consciente se torna real – o que usualmente exige a inclusão da analista em um confronto verdadeiro, um *Auseinandersetzung* – a analisanda discerne e realiza ("torna real") a distinção entre o ego e o Si-mesmo.

Uma experiência desse tipo repara a imagem arquetípica danificada, bem como o ente humano que sofre, pois o símbolo do Si-mesmo, do todo, é capaz de confrontar seu oposto, o caos, sem se desintegrar. São, em um sentido, opostos iguais, e os poderes do desconhecido são mediados para a humanidade por meio desse símbolo. Mas, como examinamos, embora a imagem do Si-mesmo possa ser vislumbrada por meio dessas experiências, somente um fragmento de seu poder numinoso é vivido de fato; nossa capacidade humana para realizá-lo não é adequada à tarefa. Certamente, a maior parte do *numinoso* retorna uma vez mais às profundezas do inconsciente onde, como é dito em *O Evangelho segundo São Tomé*:

> As imagens são manifestas aos humanos e a luz que está dentro deles está oculta na imagem da luz do Pai. Ele se manifestará e Sua imagem é ocultada por sua luz.

Assim como na sociedade primitiva o rei é verdadeiramente um mediador entre a humanidade e os deuses, sendo humano em sua condição humana, mas divino em sua realeza, essa realização do Si-mesmo dentro da psique não só informa e guia a vida pessoal, também atua como mediadora entre a consciência e as potências numinosas do inconsciente. Desse modo, a calma começa a substituir a guerra e o caos que surgiram das profundezas pela destruição da imagem arquetípica em sua forma positiva. A ordem começa a se manifestar uma vez mais naquelas camadas mais profundas do inconsciente que foram ativadas pela revolta do ego-consciência, e uma nova imagem do arquétipo emerge – mediada pelo símbolo do Si-mesmo. Assim, o dano à imagem arquetípica é reparado e há paz uma vez mais entre céu e Terra.

O texto acima já havia ido para impressão quando recebi uma carta de John dizendo que teve o que chamou "o sonho final da série". Ele sonhou que viu uma roseira cuja flor era um bebê minúsculo, e uma voz disse: "Então, sua esposa terminou tendo um filho!" "Com isso", ele escreveu, "Compreendi que devo ser o pai da criança". A criança o fez lembrar o primeiro sonho no qual lhe disseram que o pedaço de terra e o abeto que ali plantou seriam herdados por "uma criança de sua família, ainda por nascer".

E, assim, a série que começara seis anos antes com uma promessa estava agora cumprida. A criança milagrosa que nasceu na roseira, além de ser a filha dele com sua esposa interior – ou seja, sua *anima* –, é um símbolo do Si-mesmo, a criança-herói, que gradualmente emergiu para a consciência como um resultado de todo o trabalho que John havia realizado.

Referências

Adler, G. (1961). *The living symbol* (Bollingen Series LXIII). Pantheon.

Adler, G. (1961b). *Current trends in analytical psychology: Proceedings of the First International Congress for Analytical Psychology*. Tavistock.

Amold, M. (1995). *Selected poems*. Penguin Classics.

Bond, D.S. (2003). *The archetype of renewal: Psychological reflections on the aging, death and rebirth of the king*. Inner City Books.

Campbell, J. (1949). *The hero with a thousand faces* (Bollingen Series XVII). Princeton University Press.

Edinger, E.F. (1973). *Ego and archetype: Individuation and the religious function of the psyche*. Penguin.

Edinger, E.F. (1984). *The creation of consciousness: Jung's myth for modern man*. Inner City.

Edinger, E.F. (1986). *Encounter with the self: A Jungian commentary on William Blake's illustrations of the Book of Job*. Inner City.

Edinger, E.F. (1986). *The Bible and the psyche: Individuation symbolism in the Old Testament*. Inner City.

Edinger, E.F. (1994). *Transformation of the God-image: An elucidation of Jung's* Answer to Job. Inner City.

Edinger, E.F. (1995). *The mysterium lectures: A journey through Jung's* Mysterium Coniunctionis.: Inner City.

Fierz-David, L. (2001). *Women's Dionysian initiation: The villa of mysteries in Pompeii*. Spring.

Grobel, K. (Trad.). (1959). *The Gospel of truth*. Abingdon.

Guillaumont, A. *et al.* (Trad.). (1959). *The Gospel according to Thomas*. Harper & Brothers.

Harding, M.E. (1974). *The I and the not-I* (Bollingen Series X). Princeton University Press.

Harding, M.E. (2001). *The way of all women: A psychological interpretation*. Shambhala.

Harding, M.E. (2001). *Women's mysteries: Ancient and modern*. Shambhala.

Jacobi, J. (1971). *Complex/archetype/symbol in the psychology of C.G. Jung*. Bollingen.

Jung, C.G. (1930, jun.). Psychology and poetry. *Transitions: An International Quarterly for Creative Experiment*.

Jung, C.G. (1953-1979). *The collected works* (Bollingen Series XX). 20 vols. R.F.C. Hull (Trad.). H. Read, M. Fordham, G. Adler e W. McGuire. (Eds.). Princeton University Press.

Jung, C.G. (1973). *C.G. Jung letters* (Bollingen Series XCV). 2 vols. G. Adler e A. Jaffé (Eds.). Princeton University Press.

Jung, C.G. (1989). *Memories, dreams, reflections*. Vintage.

Kierkegaard, S. (1983). *The sickness unto death*. Princeton University Press.

Langdon, S.H. (1931). *Semitic*. Vol. 5 de *The mythology of all races*. Macmillan.

McGuire, W. & Hull, R.F.C. (Eds.). (1977). *C.G. Jung speaking: Interviews and encounters* (Bollingen Series XCVII). Princeton: Princeton University Press.

Neumann, E. (1970). *The origins and history of consciousness* (Bollingen Series XLII). Princeton: Princeton University Press.

Neumann, E. (1971). *Amor and psyche*. Princeton: Princeton University Press.

Neumann, E. (1972). *The great mother* (Bollingen Series XLVII). Princeton: Princeton University Press.

Otto, R. (1958). *The idea of the holy*. Oxford University Press.

Perera, S.B. (1981). *Descent to the goddess: A way of initiation for women*. Inner City.

Rogers, R.W. (1908). *The religion of Babylonia and Assyria*. Eaton and Mains.

Sharp, D. (1987). *Personality types: Jung's model of typology*. Inner City.

Sharp, D. (1988). *The survival papers: Anatomy of a midlife crisis*. Inner City.

Sharp, D. (1991). *Jung lexicon: A primer of terms and concepts*. Inner City.

Sharp, D. (1998). *Jungian psychology unplugged: My life as an elephant*. Inner City.

Sharp, D. (2001). *Digesting Jung: Food for the journey*. Inner City.

Smith, S. (1931). *The Babylonian legends of the creation and the fight between Bel and the Dragon as told by Assyrian tablets from Nineveh*. The British Museum.

Toynbee, A. *A study of history* (1987). Oxford, UK: Oxford University press.

Von Franz, M.-L. (2000). *The problem of the puer aeternus*. Inner City.

Wilhelm, R. (Trad.). (1931). *The secret of the golden flower*. Kegan Paul.

Wilhelm, R. (Trad.). (1974). *The I Ching or Book of changes*. Routledge & Kegan Paul.

Índice

A

Abeto 205, 206, 212, 214, 236
Abismo 55, 56, 60, 66, 69, 77, 79, 103, 143, 157, 174, 208, 210
Aceitação da morte, sonho sobre 170
Adão e Eva 35, 50, 76, 121, 132, 133, 134, 135, 140
Adaptação coletiva 29
Adler, Gerhard
    O símbolo vivo 139
Adolescência 71, 91, 191, 192
Alienação 234
Amado(a) 23, 27, 152
Amor materno, falta de 30, 172
Análise/analítico 17, 37, 63, 86, 106, 140, 144, 145, 151, 155, 159, 163, 170, 172, 182, 186, 187, 189, 193, 194, 204, 219, 220, 221, 228, 232, 234, 235
Anima 15, 17, 89, 91, 119, 179, 193, 236
Animus 17, 166, 167, 168, 170, 177, 180, 182, 183, 188, 189, 190, 209
Ano Novo, ritual(s) de 54, 57, 59, 64, 123
Anshar 98, 99, 100
Ansiedade 31, 40, 50, 90, 103, 104, 112, 156
Anthropos 120
Anu 77, 91, 93, 98, 99, 101, 103, 104
Apsu 55, 56, 60, 61, 62, 63, 64, 65, 66, 67, 69, 70, 71, 75, 76, 77, 78, 79, 80, 81, 82, 83, 84, 87, 88, 92, 93, 95, 98, 102, 114, 123, 126, 127, 128, 131, 143, 153, 196, 198, 200, 217, 218, 220, 232
Ariel 222
Arnold, Matthew
    Poemas 57
Arquétipico(s)/arquétipo(s) 13, 20, 26, 27, 28, 30, 32, 35, 40, 41, 43, 49, 55, 59, 63, 74, 89, 95, 107, 111, 112, 126, 138, 140, 146, 149, 152, 156, 172, 196, 197, 199, 211, 212, 217, 218, 230, 234, 236
    danificado 24, 187
    de casa 27, 134, 194
    dos pais 12, 13, 26, 27, 28, 30, 31, 32, 33, 34, 35, 36, 39, 40, 41, 42, 43, 44, 45, 48, 50, 52, 61, 62, 63, 71, 76, 89, 103, 104, 107, 108, 109, 112, 116, 126, 128, 129, 130, 132, 133, 134, 135, 137, 138, 140, 142, 143, 144, 147, 148, 149, 150, 151, 152, 154, 155, 157, 158, 160, 161, 162, 163, 164, 166, 169, 170, 185, 186, 190, 191, 193, 194, 195, 196, 197, 201, 202, 219, 235
    e ego 13, 21, 40, 56, 65, 71, 81, 84, 89, 90, 91, 94, 95, 100, 102, 110, 120, 122, 133, 134, 136, 138, 139, 142, 143, 145, 147, 148, 149, 152, 153, 167, 170, 183, 185, 197, 198, 199, 202, 210, 211, 221, 224, 233, 236
    imagens 13, 21, 22, 31, 34, 55, 57, 58, 59, 63, 69, 74, 75, 108, 140, 147, 187, 189, 196, 202, 205, 217, 228, 233, 235
    mãe 23, 24, 25, 26, 30, 31, 32, 35, 36, 39, 44, 48, 50, 60, 61, 67, 70, 76, 90, 91, 95, 96, 101, 109, 112, 113, 122, 130, 134, 138, 140, 146, 148, 149, 150, 151, 152, 154, 160, 161, 162, 163, 167, 168, 169, 171, 172, 175, 176, 181, 182, 183, 184, 187, 188, 189, 192, 193, 211, 212, 216, 219
    padrões 19, 20, 21, 22, 29, 74
    pai 26, 31, 35, 39, 45, 46, 50, 61, 87, 97, 98, 99, 108, 109, 110, 111, 121, 130, 133, 138, 140, 146, 148, 150, 151, 152, 154, 160, 161, 162, 163, 169, 176, 179, 181, 182, 183, 187, 189, 193, 216, 219, 226, 232, 236
Arquétipo(s) danificado(s)
    reparação 150
Árvore 49, 59, 121, 133, 206, 214
    Árvore do Conhecimento 22, 51, 121, 131, 135
    sonho sobre 205
Átis 23, 163

B

Babilônia(ico)
  Babilônia 33, 42, 53, 56, 60, 66, 70, 73, 96, 124
  Babilônico 53, 59, 125
  templos 122
Barriga(s) 79, 92, 101, 104, 113, 210
Batismo 89, 225
Bebê e roseira, sonho sobre 236
Bicicleta, sonho sobre andar de 204
Buda 173, 181
Bunyan, Paul
  O progresso do peregrino 205

C

Cabeça 17, 84, 92, 99, 105, 231
Cabelo flamejante, sonho sobre 221
Caça 132
Cadeira, sonho sobre estrela na 228, 230, 231, 233
Caos/caótico 54, 55, 67, 69, 71, 75, 77, 78, 79, 84, 97, 101, 103, 106, 117, 118, 123, 126, 129, 143, 154, 157, 198, 200, 205, 208, 233, 235, 236
  sonhos sobre 54, 55, 67, 69, 71, 75, 77, 78, 79, 84, 97, 101, 103, 117, 118, 123, 129, 154, 198, 200, 205, 208, 233, 235, 236
Casamento, sonho sobre 168
Cavaleiro 176, 180, 181, 188
Celas 220
Chapéu 83, 84
Chapeuzinho Vermelho 108
Círculo 33, 52, 101, 157, 159, 164, 213, 215, 217, 218, 228
Cobra, sonho sobre 172
Coisas 169, 170
Coletivo 13, 19, 193, 218
  adaptação 27, 29, 33, 36, 71, 90, 147, 149, 164, 195, 201, 204, 209, 219
  inconsciente 7, 12, 13, 15, 16, 19, 20, 22, 26, 27, 28, 30, 34, 35, 36, 37, 38, 39, 40, 41, 43, 48, 59, 63, 64, 65, 67, 69, 71, 73, 74, 75, 77, 79, 83, 84, 86, 87, 90, 91, 92, 94, 95, 97, 104, 105, 107, 108, 109, 110, 111, 112, 113, 114, 116, 117, 119, 120, 121, 126, 127, 129, 134, 140, 143, 144, 145, 146, 147, 150, 152, 154, 158, 161, 162, 164, 165, 166, 167, 168, 171, 172, 181, 188, 192, 196, 197, 198, 199, 200, 201, 204, 208, 214, 215, 218, 220, 223, 235, 236
Confissão 124, 125
Conflito 12, 15, 24, 27, 32, 35, 78, 86, 90, 91, 94, 97, 101, 104, 110, 111, 114, 117, 121, 123, 126, 131, 134, 143, 145, 151, 162, 164, 184, 185, 204, 229, 230, 231
  entre ego e inconsciente 90

Consciente/consciência 16, 20, 21, 22, 26, 27, 33, 34, 35, 38, 39, 40, 41, 43, 44, 46, 47, 48, 50, 51, 56, 60, 63, 64, 65, 67, 69, 71, 72, 74, 76, 77, 79, 81, 84, 86, 88, 89, 90, 91, 94, 95, 100, 107, 108, 110, 111, 112, 115, 119, 120, 121, 122, 124, 126, 127, 128, 129, 131, 132, 134, 136, 137, 141, 142, 143, 145, 147, 153, 155, 160, 161, 162, 167, 169, 179, 188, 192, 194, 197, 198, 199, 202, 209, 210, 211, 212, 214, 215, 218, 219, 220, 223, 224, 235, 236
  dentro do inconsciente 69
  desenvolvimento da 27, 35, 36, 71, 74, 137
  e conflito com o inconsciente 62, 89, 143
  evolução da 87, 153
Contos de fadas 12, 21, 38, 39, 74, 88, 186
Coração 17, 87, 98, 99, 105, 113, 114, 219, 223, 224, 226, 228, 231
Criança(s)/infância 23, 25, 26, 27, 28, 30, 31, 32, 33, 37, 39, 40, 41, 42, 44, 59, 61, 62, 71, 76, 89, 91, 106, 107, 108, 109, 112, 125, 126, 127, 129, 131, 133, 134, 135, 138, 139, 140, 141, 146, 147, 149, 151, 152, 153, 154, 155, 157, 158, 159, 160, 162, 163, 164, 167, 169, 170, 174, 185, 187, 190, 191, 192, 205, 206, 212, 233, 235, 236
  experiências sexuais 159
Cristo/cristã(o) 48, 55, 86, 89, 96, 108, 120, 125, 147, 148, 190, 206, 208, 214, 225
Cronos 45

D

Dano 17, 25, 32, 35, 43, 48, 49, 50, 51, 52, 76, 107, 108, 137, 138, 140, 150, 152, 153, 155, 156, 157, 158, 162, 186, 187, 190, 200, 204, 210, 219, 236
  à imagem de Deus 51
  normal *vs.* patológico 49, 50, 137, 138, 139, 156, 186, 190, 204, 219
Decisiva, questão 29
Demeter e Cora 189
Dependência 30, 32, 33, 39, 42, 44, 48, 91, 109, 126, 138, 155, 187, 191
Depressão 137, 142, 145, 204
Desobediência 22, 50, 134, 190
Destino(s) 20, 21, 57, 62, 69, 70, 71, 72, 73, 75, 84, 85, 96, 97, 100, 115, 117, 118, 131, 140, 143, 198, 200, 211, 218, 230
Deusa-Mãe 45, 46, 96, 162, 163, 167
Deus/deuses 13, 35, 39, 40, 41, 42, 43, 44, 45, 47, 48, 53, 54, 56, 57, 59, 61, 62, 63, 64, 66, 67, 69, 70, 71, 72, 73, 75, 76, 77, 78, 79, 80, 81, 82, 83, 84, 85, 87, 88, 89, 90, 91, 92, 93, 94, 96, 97, 98, 99, 100, 101, 102, 103, 104, 105, 108, 109, 110, 111, 114, 115, 116, 117, 118, 119, 120, 121, 122, 123, 124, 126, 128, 129, 130, 131, 132, 135, 136, 141, 143, 144, 145, 153, 176, 191, 193, 196, 197, 198, 200, 206, 209, 210, 211, 214, 217, 218, 220, 232, 236

Deus/imagem de Deus 20, 22, 30, 35, 38, 39, 41, 42, 45, 46, 48, 49, 50, 51, 61, 69, 86, 89, 108, 120, 123, 131, 132, 133, 134, 135, 136, 138, 139, 141, 142, 150, 151, 155, 162, 179, 181, 182, 183, 184, 186, 190, 191, 199, 200, 202, 205, 207, 208, 209, 212, 214, 217, 219, 221, 224
olho de 214, 215, 221
Dionisíaco/Dionísio 47, 58, 206, 214

E

Ea 64, 65, 70, 77, 82, 83, 84, 87, 88, 89, 92, 98, 99, 101, 102, 104, 121, 122, 126, 196, 232
Éden, Jardim do 50, 121, 157
Édipo, complexo de 95
Ego 13, 21, 40, 56, 65, 71, 81, 84, 89, 90, 91, 94, 95, 100, 102, 110, 120, 122, 133, 134, 136, 138, 139, 142, 143, 145, 147, 148, 149, 152, 153, 167, 170, 183, 185, 197, 198, 199, 202, 210, 211, 221, 224, 233, 236
e arquétipo 40, 90
e Si-mesmo 231, 234
Emoção(s)/emocional 15, 46, 47, 58, 62, 70, 71, 79, 92, 95, 97, 98, 114, 117, 128, 129, 135, 151, 153, 168, 169, 181, 183, 184, 185, 191, 193, 198, 206, 219, 230, 233
Encarnações prévias 37
Enlil 53, 78, 103
Enuma Elish 13, 52
Eros 47, 90, 167, 179, 181, 186, 195
Estrela(s) 54, 72, 78, 101, 116, 119, 208, 228, 230, 231, 233
na cadeira, sonho sobre 228, 230, 231, 233
Estudante, caso do 156
Evangelho da verdade 145, 201, 202, 208
Evangelho segundo São Tomé 235
Evolução da consciência 87, 153

F

Fala 13, 19, 26, 67, 81, 82, 85, 86, 196, 201, 205, 209, 220, 228
Familiar 81, 95, 139, 153, 157, 162, 230
Feminino 24, 46, 51, 55, 66, 80, 88, 91, 93, 97, 98, 118, 119, 172, 177, 179, 183, 188, 195, 209, 233
Fierz-David, Linda 47, 57
Filho-amante 23
Filho da mãe 47
Filho-esposo 115
Fogo 108, 123, 135, 144, 175, 184, 189, 223, 226, 228
Força de vontade 46, 47, 63, 90, 91
Freud, S./freudiano 12, 95, 112
Frustração
sonhos sobre 76, 135, 162

G

Galo 230, 231
Gênesis 35, 48, 67, 69, 101, 131, 132, 134
Graal, lenda do 24
Grande Mãe 25, 42, 163, 168, 186, 189, 195, 196, 202, 209, 212

H

Héracles 111
Herói(s)/heroico 35, 38, 40, 42, 44, 45, 46, 50, 53, 56, 64, 71, 72, 87, 88, 95, 100, 102, 103, 108, 111, 115, 119, 123, 125, 126, 127, 128, 141, 144, 148, 152, 154, 156, 181, 190, 191, 195, 196, 197, 198, 210, 211, 217, 236
luta do herói 40, 70, 71, 108, 126, 138, 149, 190
História 11, 13, 20, 22, 23, 24, 25, 35, 36, 40, 43, 53, 57, 58, 59, 61, 70, 74, 75, 77, 79, 84, 85, 89, 100, 102, 103, 105, 108, 113, 114, 118, 123, 126, 131, 132, 134, 136, 139, 140, 143, 144, 153, 158, 162, 163, 192, 193, 196, 197, 200, 212
Horóscopo(s) 72, 73
Hostis, irmãos 136
Hotel, sonho sobre 169
Humano 120, 211

I

I Ching 73
Imagem da mãe 30, 146, 168
parental 11, 14, 31, 107, 109, 138, 139, 140, 146, 150, 151, 155, 162, 186, 190, 194, 196, 219, 234
Imagem parental danificada, reparação da 14, 155
Imaginação ativa 77, 82, 178, 189, 212, 214
Inconsciente 7, 12, 13, 15, 16, 19, 20, 22, 26, 27, 28, 30, 34, 35, 36, 37, 38, 39, 40, 41, 43, 48, 59, 63, 64, 65, 67, 69, 71, 73, 74, 75, 77, 79, 83, 84, 86, 87, 90, 91, 92, 94, 95, 97, 104, 105, 107, 108, 109, 110, 111, 112, 113, 114, 116, 117, 119, 120, 121, 126, 127, 129, 134, 140, 143, 144, 145, 146, 147, 150, 152, 154, 158, 161, 162, 164, 165, 166, 167, 168, 171, 172, 181, 188, 192, 196, 197, 198, 199, 200, 201, 204, 208, 214, 215, 218, 220, 223, 235, 236
batalha contra 97
coletivo 15, 34, 36, 63, 67, 75, 79, 104, 158, 199
conflito com a consciência 62, 89, 143
consciência no 214
desenho 158
remoto no 38
Independência 39, 50, 62, 134, 146

Individuação 25, 59, 185, 186, 191, 201
Inferno 205, 226
Infinito 29, 64, 141
Inflação 138, 234
Iniciação 28, 47, 57, 58, 76, 189, 212, 225, 226
Inocência 48, 49
Insight 69, 186, 221, 231
Instinto(s) 19, 61, 62, 74, 95, 113, 128, 129, 130, 160, 175, 200, 228
Inundação
  Cf. tb. rio(s) 46, 61, 63, 64, 65
Ioga 224, 228
Irmão Klaus 219, 220
Irmãos hostis 136

J

Jardim do Éden 23, 37, 39, 48, 109, 133, 134, 137, 146
Javé 61, 68, 86, 118, 138
Jó (Bíblia)
  Jó 51, 61
John 205, 206, 207, 208, 209, 210, 212, 213, 214, 215, 219, 220, 221, 222, 223, 225, 226, 236
Joia escura, sonho sobre 106, 107
Jung, C.G. 7, 11, 12
  Arquétipos do inconsciente coletivo 19
  Cartas, vol. 1 186
  sobre anjos 181
  sobre caos 205
  sobre Irmão Klaus 219, 220
  sobre julgamento moral 148
  sobre necessidade de reflexão 130
  sobre o infinito 64
  sobre questão decisiva 29
  sobre relação mãe-filho 26
  sobre se tornar consciente 64, 110, 111, 141, 224
  sobre sonhos 69
Jung codex 145

K

Kierkegaard, Søren
  Kierkegaard 137
Kingu 94, 95, 96, 97, 98, 104, 105, 114, 115, 117, 118, 121, 122, 124, 129, 211

L

Lar, arquétipo do 31, 32, 33, 42, 162
Lei 22, 32, 36, 45, 48, 49, 96, 123, 125, 132, 135, 143, 148, 154, 196
Liberdade 23, 33, 35, 36, 39, 40, 50, 64, 67, 70, 72, 73, 75, 90, 112, 113, 115, 126, 127, 134, 143, 144, 149, 155, 174, 187, 191, 192, 194, 198, 203

Libido 109, 195, 203, 222
Livre-arbítrio 27, 35, 51, 70
Lodo, sonho sobre 206
Logos 46, 67, 77, 190, 195
Lua 93, 96, 97, 119, 123, 165, 167, 206
Luz e escuridão 69

M

Mãe 23, 24, 25, 26, 30, 31, 32, 35, 36, 39, 44, 48, 50, 60, 61, 67, 70, 76, 90, 91, 95, 96, 101, 109, 112, 113, 122, 130, 134, 138, 140, 146, 148, 149, 150, 151, 152, 154, 160, 161, 162, 163, 167, 168, 169, 171, 172, 175, 176, 181, 182, 183, 184, 187, 188, 189, 192, 193, 211, 212, 216, 219
  arquétipo 146, 212
  sonho sobre 171
Mãe-filho, relação 32
Magia/mágico 28, 38, 41, 44, 76, 82, 83, 93, 102, 103, 105, 110, 188, 190
mana 41
Marduc 53, 54, 56, 65, 66, 87, 88, 89, 90, 91, 99, 100, 101, 102, 103, 104, 105, 110, 111, 112, 113, 114, 115, 116, 117, 118, 119, 121, 122, 123, 124, 125, 128, 129, 130, 131, 138, 144, 191, 192, 193, 196, 197, 210, 213, 217, 232, 233
Mary 209, 210, 219, 220, 228, 229, 230, 231, 233, 234
Masculino 46, 55, 66, 69, 80, 91, 96, 98, 118, 119, 177, 179, 190, 195, 233
Meia-idade 36, 42, 139, 142, 145, 159, 195, 201, 203, 204
Meia-irmã 93, 94, 123
Memória 31, 37, 49, 57, 131, 165, 169, 183
Mercúrio 111, 222
"metamorfo" 111
Mito gnóstico 38
Mito(s) da criação 42, 43, 49, 53, 56, 69, 153
  babilônico 13, 42, 44, 46, 61, 70, 72, 73, 75, 138, 143, 144, 153, 217, 221
Mito(s)/mitologema(s) 12, 13, 21, 22, 23, 24, 34, 36, 37, 38, 42, 43, 44, 45, 46, 47, 48, 49, 50, 51, 52, 53, 54, 55, 56, 57, 58, 59, 60, 61, 63, 64, 69, 70, 71, 72, 73, 74, 75, 77, 87, 88, 94, 96, 108, 110, 125, 126, 128, 131, 134, 136, 138, 140, 141, 143, 144, 145, 153, 157, 163, 189, 191, 196, 197, 198, 210, 211, 212, 214, 215, 217, 218, 221, 232
  da criação 42, 43, 53, 56, 69
  de criação babilônica 13, 42, 44, 46, 61, 70, 72, 73, 75, 138, 143, 144, 153, 217, 221
  do dano 24
  gnóstico 38
mônada 215

Montanhas 161, 162, 163, 169, 172, 173, 174, 175, 176, 182
Moral, julgamento 148
Morte, sonho sobre aceitação da 61, 96, 133, 170, 185, 191, 206, 207, 211, 212, 225, 231
Mummu 67, 69, 75, 77, 80, 81, 82, 83, 93, 98, 102, 114, 196
Música 79, 166

N

Não nomeados vs. nomeados, deuses 84, 93, 117, 128
Nascimento do bebê, sonho sobre 170
Necessidade de reflexão 130
Negativos, pais 155
Negativo vs. positivo, vínculo 23, 32, 48, 64, 86, 108, 140, 141, 148, 150
Neumann, E.
 Amor and psyche 238
 As origens e história da consciência 197
 sobre o arquétipo da mãe 149
 sobre o herói 216
Noite e luz 38, 42, 43, 44, 45, 55, 57, 66, 69, 72, 75, 76, 77, 78, 80, 81, 83, 84, 92, 93, 94, 97, 99, 103, 118, 119, 142, 156, 169, 176, 205, 206, 207, 210, 211, 214, 221, 224, 225, 228, 235
Nomeados vs. não nomeados, deuses 84, 93, 117, 128
Nome(s)/nomear 53, 54, 56, 60, 66, 70, 72, 75, 76, 77, 78, 82, 85, 120, 125, 128, 143
Nora 159, 160, 161, 162, 163, 164, 165, 166, 167, 168, 169, 170, 171, 172, 175, 179, 182, 184, 185, 186, 187, 189, 191, 209, 219, 234
Normal vs. patológico, dano 49, 50, 137, 138, 139, 156, 186, 190, 204, 219
"nova Jerusalém" 49
Numinoso/numinosidade 35, 41, 48, 63, 83, 184, 185, 186, 196, 199, 209, 217, 219, 230, 235
Nut 101, 104

O

Olho 105, 214, 215, 221, 223, 224, 228, 234
Oposto(s) 24, 28, 34, 36, 49, 55, 66, 67, 75, 101, 114, 120, 125, 145, 160, 162, 169, 188, 195, 210, 235
Ordem 45, 46, 49, 56, 67, 71, 75, 78, 79, 80, 84, 85, 95, 97, 98, 104, 117, 118, 119, 126, 131, 141, 155, 156, 193, 194, 196, 205, 209, 212, 236
Ouroboros 33, 34, 35, 39, 101, 126, 137, 152, 172, 216, 217

P

Padrinho(s) 89
Padrões arquetípicos 20, 21, 74
Pai/paternidade 26, 31, 35, 39, 45, 46, 50, 61, 87, 88, 97, 98, 99, 108, 109, 110, 111, 121, 130, 133, 138, 140, 146, 148, 150, 151, 152, 154, 160, 161, 162, 163, 169, 176, 179, 181, 182, 183, 187, 189, 193, 216, 219, 226, 232, 236
 dupla 88
Pais/parental
 arquetipo dos 35, 40, 43, 138, 149
 arquétipo dos 27, 28
 danificada, reparação de dano 14, 155
 imagem 11, 14, 31, 107, 109, 138, 139, 140, 146, 150, 151, 152, 155, 162, 186, 189, 190, 194, 196, 219, 234
 negativos 108, 112, 140, 155, 194
 separação dos 43, 138, 210
Paraíso/paradisíaco 22, 23, 42, 48, 135
Patológico vs. normal, dano 49, 50, 137, 138, 139, 156, 186, 190, 204, 219
Patriarcal/patriarcado 45, 60
Pinheiro 163, 175
Planetas 72, 78, 111, 123, 218
Positivo vs. negativo, vínculo 23, 32, 48, 64, 86, 108, 140, 141, 148, 150
Prévias, encarnações 37
Primeira causa 34, 35
Primeira Guerra Mundial 118
Primeira metade da vida 33, 144, 193, 194, 195, 211
Primeiro começo 34, 144, 191, 211
Projeto/projeção 151, 194, 219
Prometeu 135
Psique e corpo 122

R

Raio 178, 182, 183, 185, 187, 189
Rebelião 33, 50, 71, 95, 113, 121, 122, 138, 150
Reconstrução 49
 da imagem de Deus 202
 do arquétipo 219
 e individuação 203
Rede 104, 110, 111, 112, 113, 213
Rei 41, 103, 151, 212
Relação mãe-filho 32
Religião(s)/religioso 12, 13, 21, 22, 39, 41, 45, 57, 58, 66, 87, 107, 108, 137, 149, 150, 153, 158, 172, 181, 195, 199, 200, 205, 209, 217, 218, 233
 símbolos, sonho(s) sobre 140
Remoto no inconsciente 38
Renúncia 102, 174

Responsabilidade 71, 90, 91, 115, 124, 131, 132, 133, 143, 144, 148, 166, 185, 193, 196, 202, 211
Roseira e bebê, sonho sobre 236

S

Sacrifício 28, 49, 120, 121, 122, 125, 130, 131, 133, 136, 147, 148, 211, 231
Segunda Guerra Mundial 118
Separação dos pais 43, 138
Sexuais, experiências na infância 188
Símbolo(s) 13, 21, 22, 24, 33, 36, 41, 63, 64, 84, 87, 107, 108, 109, 112, 120, 140, 145, 146, 147, 149, 152, 157, 158, 162, 163, 179, 187, 190, 195, 196, 197, 199, 204, 206, 210, 214, 217, 218, 220, 221, 224, 230, 231, 234, 235, 236
Si-mesmo 38, 89, 94, 107, 109, 110, 111, 120, 122, 134, 138, 145, 146, 147, 148, 170, 185, 201, 202, 206, 208, 209, 212, 214, 221, 224, 230, 231, 233, 234, 235, 236
  e ego 235
Smith, Sidney 7, 52, 53, 104
Sociedade 21, 36, 42, 45, 65, 145, 152, 154, 193, 197, 200, 236
Sócrates 231
Sombra 15, 16, 19, 117, 134, 136
Sonho 16, 106, 109, 156, 164, 165, 166, 167, 168, 169, 170, 171, 204, 205, 206, 212, 213, 214, 215, 221, 222, 223, 225, 226, 230, 231, 233, 234, 236
  sobre andar de bicicleta 204
  sobre Ariel 221
  sobre banho de lodo 225
  sobre bebê e roseira 236
  sobre cabelo flamejante 221
  sobre caos/caótico 69, 205
  sobre casamento 167
  sobre cobra 171, 172
  sobre estrela na cadeira 228, 230, 231, 233
  sobre frustração 169
  sobre hotel 169
  sobre joia escura 106, 107
  sobre lodo 206
  sobre mãe 172
  sobre morte 170
  sobre nascimento do bebê 170
  sobre pedaço de terra de 30 cm^2 206
  sobre primitivos 222
  sobre roseira e bebê 236
  sobre símbolos religiosos 109
  sobre tesouro 106
  sobre voar até à lua 170, 180
  sobre voar no espaço externo 215
Sucesso 40, 71, 86, 103, 108, 128, 181, 201, 203

T

Tablete dos Destinos 69, 70, 96, 97, 115
Tammuz 95, 118
tao 21, 151
Templos babilônicos 122
Tempo 12, 13, 17, 27, 28, 29, 34, 38, 45, 46, 51, 53, 56, 60, 61, 63, 74, 78, 79, 90, 93, 104, 106, 112, 113, 119, 121, 131, 135, 141, 148, 150, 151, 154, 155, 156, 157, 159, 164, 165, 172, 176, 181, 182, 183, 189, 198, 204, 205, 210, 211, 212, 213, 214, 221, 232
Tesouro, sonho sobre 106
Teste 65, 101
Tiamat 55, 56, 60, 61, 64, 66, 67, 69, 70, 71, 75, 76, 77, 78, 79, 80, 88, 91, 92, 93, 94, 95, 96, 97, 98, 99, 100, 101, 102, 103, 104, 105, 110, 112, 113, 114, 115, 116, 117, 121, 123, 126, 128, 129, 131, 138, 143, 153, 196, 197, 198, 200, 210, 211, 213, 217, 218, 233
  meia-irmã 93, 94, 123
Tirania 43, 115, 125, 140
Todo 21, 33, 37, 41, 43, 49, 70, 101, 111, 112, 116, 117, 129, 134, 145, 146, 148, 149, 150, 152, 156, 157, 159, 160, 162, 167, 181, 182, 186, 188, 192, 195, 199, 202, 211, 217, 230, 231, 235, 236
Toynbee, Arnold
  Um estudo da história 22
Transferência 63, 109, 112, 229, 230, 232, 233

V

Vastidão 30, 50, 132, 135, 136, 137, 138, 140, 212
Vento(s) 91, 93, 101, 103, 105, 106, 107, 111, 112, 113, 120, 210
Vila dos Mistérios (Pompeia) 47, 57, 58, 189
Voar no espaço externo, sonho sobre 215
Voar para a lua, sonho sobre 164, 165, 166, 174, 181, 234

Z

Ziggurat(s) 122
Zodíaco/zodiacal 54, 94, 125

Assessoria: Dr. Walter Boechat

Veja todos os livros da coleção em

livrariavozes.com.br/colecoes/reflexoes-junguianas

ou pelo Qr Code

Conecte-se conosco:

- **f** facebook.com/editoravozes
- **⊙** @editoravozes
- **𝕏** @editora_vozes
- **▶** youtube.com/editoravozes
- **☎** +55 24 2233-9033

www.vozes.com.br

Conheça nossas lojas:

www.livrariavozes.com.br

Belo Horizonte – Brasília – Campinas – Cuiabá – Curitiba
Fortaleza – Juiz de Fora – Petrópolis – Recife – São Paulo

EDITORA VOZES LTDA.
Rua Frei Luís, 100 – Centro – Cep 25689-900 – Petrópolis, RJ
Tel.: (24) 2233-9000 – E-mail: vendas@vozes.com.br